“十三五”国家重点出版物出版规划项目

“中国工业遗产故事”丛书

丛书主编　刘伯英　周大亚

# 茂新面粉厂故事

汤可可　著

南京出版传媒集团
南京出版社

**图书在版编目（CIP）数据**

茂新面粉厂故事 / 汤可可著. -- 南京 : 南京出版社, 2020.12

（中国工业遗产故事丛书 / 刘伯英，周大亚主编）

ISBN 978-7-5533-3050-1

Ⅰ. ①茂… Ⅱ. ①汤… Ⅲ. ①茂新面粉公司 – 工业史 – 青少年读物 Ⅳ. ①F426.82-49

中国版本图书馆CIP数据核字（2020）第217691号

**丛 书 名** 中国工业遗产故事
**丛书主编** 刘伯英　周大亚
**书　　名** 茂新面粉厂故事
**作　　者** 汤可可
**出版发行** 南京出版传媒集团
南 京 出 版 社

社址：南京市太平门街53号　　邮编：210016
网址：http://www.njcbs.cn　　电子信箱：njcbs1988@163.com
联系电话：025-83283893、83283864（营销）　025-83112257（编务）

**出 版 人** 项晓宁
**出 品 人** 卢海鸣
**责任编辑** 孙海彦
**封面设计** 张　淼
**版式设计** 王　俊
**责任印制** 杨福彬

**制　　版** 南京新华丰制版有限公司
**印　　刷** 江苏扬中印刷有限公司
**开　　本** 787毫米 × 1092毫米　1/32
**印　　张** 4.5
**字　　数** 79千
**版　　次** 2020年12月第1版
**印　　次** 2020年12月第1次印刷
**书　　号** ISBN 978-7-5533-3050-1
**定　　价** 28.00元

南京出版社
图书专营店

# 编委会

# 总 序

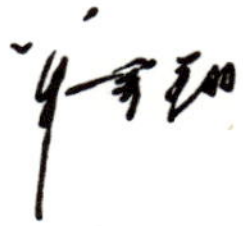

在众多的文化遗产中，“工业遗产”是一个年轻的类型。工业遗产是工业时代形成的遗产，自从18世纪60年代以蒸汽机为代表的第一次工业革命在英国爆发以来，工业文明虽然只有短短的三四百年历史，但在人类文明的发展史上，工业文明所创造的财富和对世界以及人类生活的影响，都远远超过之前几千年的总和。经过多年的开采、生产、运行，有些矿山、工厂、仓库、烟囱、管道、铁路、码头等已经失去了生产功能，但作为纪念物被保留了下来；同时还有些机器、车辆、工具、仪器、图纸、档案、照片、产品、服装等也一起保留下来，成为工业文明的历史见证和记录。

我们衡量文化遗产一般采用“历史、艺术和科学价值”这三大价值作为标准，而工业遗产在具有文化遗产的普遍特征的同时，还具有一些特殊的价值。一般来说，工业遗产具有历史、社会、建筑和科技、审美等多重价值。它与其他文化遗产的区别就是技术价值。工业遗产见证了科学技术对于工业发展所做出的突出贡献，表现在工厂矿山的选址规划、建（构）筑物的施工建设、机械设备的设计安装、生产工具的改进、工艺流程的设计布置和产品的更新等方面。从工业遗产中我们可以清晰地看到技术进步的脉络，其中既有创新、改进，当然也有失败或者弯路，这些都为后人提供了可供借鉴的经验或者教训。由于工业遗产可以直观地反映出人类社会发展的这一重要过程，工业遗产成为我们社会发展不可或缺的物证。

当你走进我国各地的博物馆，看到最多的是什么？是青铜器、陶瓷、丝绸、书画、金银玉器等精美的手工艺品，我国悠久的农业社会文明，为世界贡献了数不清、看不尽的文化瑰宝，使参观者瞬间满怀文化自豪感。从本质上说，这些都是农业时代的遗存，代表的只是我们国家在农业时代创造的文明、对世界文明发展的贡献。可是你却很少能够在我国博物馆中看到数量、规模能与上述这些农业文明时代的文化遗存相当的工业遗产。尽管工业时代是离我们最近的历史时期，工业文明创造了巨大财富，对世界以及人类生活产生了深远影响，但我们似乎忘记了给它在博物馆中留出应有的位置。

工业遗产对生活在当下或者未来的人有什么意义呢？我们说，工业遗产具有纪念、教育、文化或象征的意义。

我国工业化以来，形成了许多新的城市。例如，哈尔滨、长春、郑州、石家庄是火车轮子拉来的城市，上海、大连、青岛、秦皇岛是港口通航形成的城市，唐山、鞍山、玉门、大庆、平顶山、萍乡是矿山开采形成的城市。矿山、工厂、井架、火车头、港口是这些城市的历史符号，是老一辈人抹不去的记忆，很多家庭连续几代都在一家厂矿中工作，这些厂矿是城市的“源”，也是文化的“脉”，更是市民的“根”。

由于中国工业社会时代开始的时间晚于欧美，人们对工业遗产保护的认识需要一个接受的过程。随着城市化步伐的逐步加快，对工业遗产在拆与保、遗弃与利用之间存在着激烈的碰撞。这种碰撞不仅存在于个别地区，而且普遍存在于具有工业遗产资源的众多城市。近年来，我国伴随城市规划布局及产业结构的调整，过去的工业区大多变成了中心区，工业外迁的步伐加快，出现了大量的工业遗产。如何评估这些遗产并将其妥善保护、永续利用，已成为文化遗产保护领域一个极为紧迫的问题。

令人欣慰的是，许多具有远见卓识的地方政府，在大力推进当地经济社会可持续发展的进程中，重视工业遗产的保护，取得了令人称道的成绩。在对工业遗产保护逐渐形成共识的形势下，一批工业遗产得到了积极保护和合理利用。同时，我们也必须注意到，尽管近年来一部分工业遗产开始被列入保护之列，但是受法律保护的工业遗产项目仅占应纳入保护内容中的很小一部分。还有很多城市，特别是一些传统工业城市，还未将工业遗产保护纳入文化遗产保护范畴,还缺乏对工业遗产的总体评价和细致规划。

工业遗产的保护和利用需要公众的关注和参与。工业遗产的主人不仅是政府，每个人都是主人，只有当地居民自觉守护，才能保卫工业遗产的尊严，有尊严的工业遗产才有强盛的生命力。只有把工业遗产保护与城市文化建设，特别是与公众的生活紧密联系在一起，才能为工业遗产的保护与利用找到真正的根基，才能使工业遗产成为公众生活的组成部分，才能使工业遗产成为城市文化的内核与灵魂，也才能使城市成为工业遗产真正的家园。建设一个房地产项目，可以服务一个城市几十年，而保护好一个城市的工业遗产，或许会让一个城市受益上百年，同时也有助于提升市民的文化理念，使人们用辩证思维的方式去看待城市发展中的各种矛盾，平衡、协调、解决好各类问题。

感谢刘伯英教授等研究工业遗产的学者们，多年来为工业遗产的保护和利用开展了大量工作，使工业遗产引起了政府部门的重视。今天，他们又开拓了一片新领域，通过每一项工业遗产的详细说明与阐述，把我们的工业发展历史和其中有趣的人物、故事介绍给普通大众和青少年，引导更多的人，尤其是青少年群体对工业遗产产生兴趣，自觉地保护我们身边的工业遗产，这是一件利在当代、泽被千秋的好事。我非常愿意把这套丛书推荐给大家，特别是我们的青少年读者，为我们 5000 多年的文明史补上这极为精彩的一段，完整地看待一个悠久历史的民族，在艰难困苦中百折不回，从一个纯粹的农业国华丽转身成世界最重要的工业制造大国，树立起我们的民族自信。

单霁翔

（作者系中国文物学会会长、国家文物局原局长、故宫博物院原院长）

# 序 言

京杭大运河无锡老城环城段，曾在高耸的烟囱和成排的厂房中间穿过。就在古运河与被称为无锡母亲河的梁溪河交汇处，绿树环抱之中，一幢红色的厂房巍然矗立。这就是曾经笑傲市场风云的茂新面粉厂旧址——近代民族工业一处宝贵的历史遗产。作为无锡第二家近代工业企业，第一家以机器为动力的面粉工厂，茂新厂见证了无锡工业创业发展的百年艰辛、百年辉煌。

茂新面粉厂是荣宗敬、荣德生兄弟创办的第一个工业企业，是荣家企业集团百丈高楼的第一块基石。从荣德生亲自掌管到荣毅仁接棒统领，从无锡一地的一个厂到挺进国内几大商埠的面粉产业集群，茂新在与外货和外国在华厂商的竞争中打响自己的“兵船”品牌，在遭受侵华日军大肆破坏抢掠后再造设备齐全的高规格新厂，在对私改造和改革开放中一路走来，又谱写了转型发展新的篇章。百年茂新，历经跌宕曲折，演绎了一系列令人振奋和感叹的创业故事，直到今天依然为当地年长的人们所津津乐道。

因为产业结构布局调整，也因为城市现代化建设的推进，2003 年，已经改制为民营企业的茂新面粉有限公司实施整体置换，在全盘处理企业资产和债务、同步分流安置职工之后关闭企业，原厂房由无锡市政府收购，经批准改建为中国（无锡）民族工商业博物馆。2019 年 4 月，中国工业遗产第二批保护名录发布，无锡茂新面粉厂旧址榜上有名。由此，这幢被赋予新的文化功能的厂房，成为双“国”字头单位——国家级工业遗产和“国”字号博物馆，开始了它又一个百年新的发展历程。

今年是茂新面粉厂创办 120 周年。从茂新面粉厂起步，荣氏兄弟创立了一个包括茂新、福新、申新三大系统的工业王国，登上了中国“面粉大王”“纺织大王”的宝座，被称为“中国近代民族工业的首户”。从荣宗敬、荣德生算起，无锡近现代实业家已经传承交替到了第四代。“敢创人先，坚韧刚毅，崇德厚生，实业报国”，构成无锡工商企业家富有特色的精神品格。今天，当人们回望茂新面粉厂的创业历程，重温那些鲜活生动的历史故事，将从中获得历史经验的借鉴和创业活力的激励，同时也为无锡这座工商名城和历史文化名城，擦亮一张不可多得的文化名片。

“勇往直前，作世界之竞争。”荣德生先生掷地有声的话语，已经以一种无形的方式，铭刻在了茂新这座工厂遗址上，也铭刻在了无锡一代又一代创业者的心中。

# 目 录

一 立足太保墩 …… 001

二 建厂风波 …… 009

三 八爿石磨起家 …… 017

四 “兵船”启航 …… 025

五 打出关外 …… 033

六 从一厂到四厂 …… 040

七 三姓六兄弟 …… 048

八 以粉济纱 …… 056

九 微人称“王” …… 065

十　命运交响曲 …… 072

十一　再创新业 …… 081

十二　离奇绑票案 …… 089

十三　在代磨中挣扎 …… 097

十四　迎来曙光 …… 105

十五　汇入洪流 …… 114

主要参考资料 …… 123

后　记 …… 125

# 一 立足太保墩

庚子年，西历的世纪之交，按中国皇历则是光绪二十六年（1900）。这一年注定不是一个太平年头。北方义和团越闹越凶，烧教堂、杀洋人，部分团众从山东攻入直隶，一路毁铁路、拆桥梁。英美德法列强立即照会清廷总理衙门，限两个月剿灭义和团，声称如果办不到，那就出兵代剿。全国自北向南战云笼罩。正在广东税局任职的荣德生，几乎天天接到家中来信，催他回家躲避一阵。挨到旧历六月，他向总办请假一月，取道香港乘轮船返回上海。

## 想做番事业

在上海，德生投宿在他们父子三人开设的广生钱庄。见到兄长荣宗敬，听说钱庄汇兑业务颇有起色，盈利不菲，兄弟俩喜形于色。正在此时，推荐德生到广东税局帮差的官员朱仲甫去职，送家眷回苏州，途经上海，带信相约茶叙。

德生称为世丈的朱仲甫此次带来一个消息，说是广东的税收将改由商人承包，告诫德生要留好后路。他问起钱庄生意情况，德生答道：信用尚好，汇款有利，眼下正想做新事业。朱仲甫叹了口气：我从政数十年，看去乏味至极，还是你们兄弟从事商业的好。当听说荣氏兄弟打算创办实业，“从食与衣着手”，他一拍桌子，说：“正合吾意！”他在广东时了解到，国内免税的工业制成品只有一项，那就是面粉，写在了与洋人签订的条约里。

茂新第一面粉厂概况（茂福申总公司纪念册书影）

“若仿制，风行全国，必爽快！”于是当场商定联手合办面粉厂。

说做就做，事不宜迟。荣德生抓紧在沪的机会，通过相邻米行经理袁葆生介绍，前往英商增裕面粉厂考察。又赶去苏州，与朱仲甫具体商讨购地、定机种种事宜。荣氏兄弟由商业进而创办实业的大幕，就此徐徐拉开。

## 广生钱庄

宗敬、德生的父亲荣熙泰，生性聪慧，在太平军进占无锡前夕，到上海一家冶坊当学徒，年仅 11 岁。就在“闹长毛”的战乱中，其父亲、伯父以及堂兄、兄弟乃至年仅 3 岁的小弟弟无一幸存，就他一个男丁逃过了这场浩劫。收殓、安葬亲人后，面对几间破房、十几亩薄地和一堆债务，有了上海习业经验的他，咬咬牙决定外出闯荡，以谋生计，以偿欠债。青年荣熙泰先后到浙江、广东打工，虽然早年没能读多少书，但他业余时间刻苦自学，终于成长为一位富有识见、长于算账的会计人才。1884 年去广州时，拜见在广东两院衙门当师爷的族叔荣俊业，经他保荐，到了磨

◎小贴士

**厘金局**：厘金又叫厘捐、厘金税，晚清开征的商业税，在水陆交通各要道处设立关卡，对过往货物估值征收。因为规定按货物价值的百分之一征收，故称厘金。厘金最初为筹集镇压太平天国起义的经费而施行，始行于扬州仙女镇（今江都区）。后各省各地普遍仿行，遂遍及全国。厘金局（所）即为征收、解缴厘金的机构。太平天国战争结束后厘金征收并没有终止，而是在更大范围内以更多名目出现，厘金局所最多达 3000 个左右，直到民国中期才最终裁撤。

刀口厘金局总办朱仲甫手下当差。因为为人勤敏、办事干练，荣熙泰不久便升任总账，月俸31两8钱白银。

颇有头脑的荣熙泰先后安排两个儿子到上海“学生意”。宗敬先在铁锚厂，后进了源豫钱庄，德生则去了通顺钱庄，兄弟俩都学会了记账、看账、往来收账，熟知银钱业的存贷汇划。德生习业满师后，由朱仲甫推荐到三水河口厘金局帮账，进一步扩大了眼界。1894年甲午战争爆发，宗敬从业的森泰蓉钱庄受牵连倒闭，不得不赋闲回乡。就在同一年，父亲因患肝病也告假回到无锡养病。这时，宗敬、德生都已成家，如果长期失业，一家生计就无从着落。

无锡钱庄丝行两业公所旧址

经合计，父子三人决计到上海自设钱庄，一是兄弟俩钱庄习业出身，有业务经验；二是多年从业金融、税务，也有一定的资金积蓄。1896年初，上海南市鸿升码头，一家小小的钱庄开张了，取名“广生”，宗敬任经理，德生为管账，后来改任无锡分庄经理。

这一年，劳累一生的荣熙泰病重离世，年仅48

岁。临终前他叫来儿子嘱咐说，不要走读书做官、捐钱为官的路：小官来钱不正，也养不起父母家人；大官需要有本事，也不容易做得到。又告诫两个儿子“不必学医”，因为学医难成，成也要到中年。所以还是一门心思从商，并举了周舜卿、祝兰舫等在上海滩成功创业的无锡人为例证，希望“兄弟合力，内外同做”，齐心谋求发达。

## 兴新业而占大利

父亲的丧事办完后，荣德生受朱仲甫邀请，再度赴粤，任河补抽税局总账。该税局是广东全省第一差使，一年有48万两的税收，征收费用4万两，总账月俸高达60两。税款由票号收存，总账平日只要收好单据，每10日解库，每月开列清单上报。但德生并没有就此满足，浑浑噩噩度日，而是抽时间到书店去选可观之书。不过此时所读，已不是《纲鉴易知录》《大清民刑律》，也不是《医宗必读》《堪舆地理大成》，而是细看美国《事业》杂志、《美十大富豪传》等，“专心在做一新事业上着想”。他晚年曾回忆说：“自念平生，颇得力于美国十大富豪之传记。此十人之传记，计有八种传记，至今尚能背诵无讹。”

荣德生自19岁到广东，往来奔波，看到不少新的事业，诸如制糖、制罐头食品、制火柴、自来水、电灯、开矿等，以及形形色色的“兴新业而占大利者”。负责征税，曾管过204种税收，对应税货物，他从广州到上海，一一探问制造和经营的情况。开始时他的选项是：红——火柴，黑——煤炭，白——面粉和纱、布。思来想去经营空间较大而又相对稳当的，“不外吃、着两门为最妥”。

就在这一年，八国联军攻破天津，慈禧太后携光绪皇帝逃往内地。沪上风声鹤唳，一日数惊，商市相率关门，物价、房价、地价大跌，唯有小麦、面粉从内地到沪，又从沪装运北方，则依然繁盛。广生钱庄这方面的汇款每天在5000元以上，获利也不下200元。正因如此，与朱仲甫相商开办面粉厂，荣氏兄弟才有底气一拍即合。

## 天关—地轴

筹建面粉厂，创办资本3万元，朱氏与荣氏兄弟各出1.5万元。荣氏兄弟各分任3000元，其余9000元在亲友中招股。工厂申报立案由朱仲甫负责，荣氏兄弟办理购地建厂事宜。在苏州商谈妥当，德生当即赶回无锡，着手筹资、勘地。

千里京杭大运河，一路浩荡南下，穿越苏南、浙北，与这里的河道纵横贯通，形成众多高渚浅滩。在无锡段，河道交汇处共有8个小墩，被称为“河中八珠”。其中尤以黄埠墩、太保墩位置独特，风光绮丽，又有关于它们的

无锡运河民居

一系列历史人文故事。康熙《无锡县志》称，两墩与无锡山水形胜相联结，成龟蛇之势，能集聚地气，故谓“黄埠墩为天关，太保墩为地轴”。

◎小贴士

**京杭大运河**：中国古代建造并延续至今的伟大水利工程。北起北京，南至杭州，流经天津及河北、山东、江苏、浙江，沟通海河、黄河、淮河、长江、钱塘江五大水系，全长约 1800 千米。大运河部分河段始凿于春秋末期（公元前 5 世纪），为吴国运兵水道邗沟；经隋（公元 7 世纪）和元（13 世纪）两次大规模疏通整理，形成后来的基本样貌。大运河利用天然河道，加以疏浚、连接而成，全程分为通惠河、北运河、南运河、鲁运河、中运河、里运河、江南运河七段。2014 年 6 月列入世界文化遗产名录。

无锡运河船舶

为工厂选址，荣德生看了后来作为火车站货场的周山浜，又看了后来建办九丰面粉厂的蓉湖庄一带，都觉得不甚合意。后来来到西门太保墩，顿时眼睛一亮。太保墩，又名窑墩、西水墩，地处素称无锡母亲河的梁溪河与大运河交汇处，扼运河连接太湖水道的要冲，水路交通十分便捷。墩四周碧水环绕，绿树簇拥，宋代名相李纲、诗人尤袤曾在此建宅院，后为明代太子太保、筑寄畅园的秦金所有，故名太保墩。德生立即将地形绘制成图，寄苏州朱仲甫，说明选址理由。得到首肯后，与当地地块主人一一商谈，订立契约，最终付款成交，共得地 17 亩，作为面粉厂厂基。

恰在此时，江苏省设立商务局，局长吴硕卿，与朱仲甫为广东时旧同僚，对办厂一事鼎力相助，转呈督抚，很快核准立案。因为选址在太保墩旁，厂名定为“保兴”。这一年虽然北方战乱，但广生钱庄不仅没有受到影响，反而业务大增，年终核算结余 4900 两，超过以往几年，余利即转作资本投入建设面粉厂。

# 二 建厂风波

清晨，太保墩旁一阵爆竹轰响，把无锡城闹醒。面店里、茶馆里……一个消息不胫而走：荣家兄弟要在城脚跟头建一个大工厂呢。荣某人是啥人？荣巷边上的乡下人？覅听见过。前几年无锡地面上办起第一家纺纱厂，那是旗杆下杨家兄弟，是跟着曾大人、李中堂打长毛，在外面放了道台的。荣家小毛头哪里来的办工厂的实力喔！

## 撞上了官司

保兴面粉公司筹办处的公事房里，荣德生正与厂房建筑的承包作头商谈开工事宜。地保潘阿昌突然闪进门来，插嘴道："图董江先生那边，荣老板有去讲讲办厂大略啦？"德生一拍大腿："这几天忙里忙外，怎么把这一节给忘了！"

荣氏迁锡始祖荣清手刻石碑“天降山海”

连忙叫人打点，备了礼去给地方各头面人物说人情。可为时已晚。

几天后，县衙一纸谕单送到门上，说是地方上一些士绅联名上书，把荣氏兄弟告了，理由是擅自将公地、民田圈入厂界。县官据此饬令工厂立即停工，限期迁址。德生急忙派人去县衙抄录禀呈，连同谕单送往苏州朱仲甫求教。朱仲甫即刻让儿子朱和卿赶往无锡，

◎**小贴士**

**图董**：亦称图长。中国旧时农村基层行政组织的半公职人员，协助官府协调管理基层公共事务。古代义图制起源于明代的里甲制，清代在南方各省县以下设乡，乡以下设图，图以下为扇（也有的称为庄），管理一处事务者分别称为乡董、图董、扇董（庄首）。在设立义图制的地区，图董是田赋征收的经办人；其他地区另设图正，协助县、乡管理本地的鱼鳞图册，核收田赋，汇交粮柜。图董、图正并无薪给，只是在主持土地买卖、产权过户时索取若干佣金。辛亥革命后义图制逐渐被废除，代之以保甲制。

共商对策。一面对簿公堂，据理力争，一面呈文商务局，转请县府对兴办实业予以保护。

无锡县衙大堂上，一番唇枪舌剑。荣氏兄弟有理有节，招呼地保、区书，搬出图册，摊开购地契约，一一核对。结果是，找不出半点私占公地、强占民田的情节。况且工地上还只是堆了一点黄沙、块石，有一个破土的形式，并没有围栏砌筑。但知县孙襄臣碍于地方士绅面子，不便裁决。只见他捻了捻山羊胡须，一拍惊堂木：本案事关重大，本官未便擅断，当禀请上峰核夺。

## 烟囱对冲学宫?

官司一时没有结果，但市井之间飞短流长，不一而足。面粉厂要建一个大烟囱，正对孔庙学宫，这坏了地方文运可如何了得！面粉厂修筑码头，加高驳岸，一旦发起大水，沿河的民宅、鱼塘受淹那怎么办？……清代的无锡，分为无锡、金匮两个县治，县衙、城隍分设两处，但县学却是共用一个。一听说新建工厂有碍科考风水，士子们一片哗然。士绅、生员纷纷来到两县县衙请愿，要求下令取缔保兴公司。

很快，一张盖着两县大红印信的布告贴到了筹建中的保兴墙上：建造机器工厂，败坏风水，冒渎文庙，阖城绅

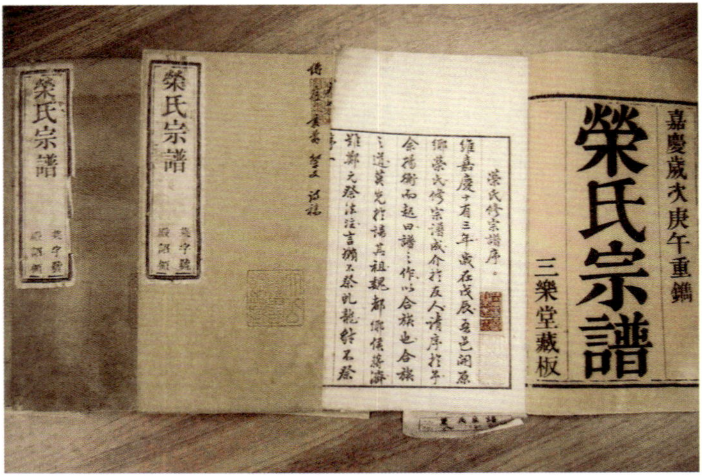


梁溪荣氏宗谱

衿呈请禁止在案。据此，特令保兴公司即日起停止建筑，听候抚院宪裁。看到布告，公司几位投资者压力山大，急得连连跺脚。恰在此时，在无锡倡导兴办新学的杨模，特意找上门来，说：我投资保兴不过区区数百股，但心愿是地方兴旺，既有学校林立，亦得工厂林立。倘有需要出力之处，自当帮助疏解。一番话语，给焦灼不安的荣德生平添了几分信心。

好在这一次朱仲甫亲自出面，通过江苏铜元局会办从中周旋，疏通了江苏巡抚和两江总督的门路。不几天，常州知府派人到无锡查勘。又过了几日，两江总督刘坤一的批示传到无锡：士为四民之首，立论尤当持平。烟囱既隔城垣，何谓文风有碍？该商圈地一说，是否属实，由地方官查明，秉公办理。这个批示一下镇住了乡绅们的叫嚷，荣氏兄弟总算松了一口气。

## 祸不单行

这一年四月，荣德生喜得贵子。这是他第一个儿子，合家上下欣喜无比。取名清和，也就是指望横生的风波能有一个平和的结局，毕竟和气生财么。

但是乡绅们作梗的事一波三折，似乎并没有结束的迹象。锡城一位杨姓士绅，逢上到省候补，但一时缺了一点上下打点的资费，正为此犯愁。工厂对面凌姓土豪便从旁

◎**小贴士**

**两江总督**：清朝顺治年间设立的地方主政大臣，为清朝九位最高级别的封疆大吏之一，正二品，通常加兵部尚书或都察院右都御史衔，作从一品。两江总督总管江南（今江苏、安徽）、江西两地军民政务，一度兼领两淮盐政事，同治五年（1866）加五口通商事务，兼南洋通商大臣。驻江宁（今南京），署所设于明汉王府旧址。太平军占领南京时成为天王府，民国时曾作总统府，1949 年后先后为江苏省委统战部、江苏省政协所在地，现为南京中国近代史遗址博物馆。

谋划，怂恿他借保兴建厂官司再掀一番浪头，借机敲诈，必能如愿。于是杨某再次纠集数十不明真相之人，联名具呈，声称大烟囱冒烟将给乡人带来灾殃，要求县衙下令阻止办厂。

荣氏兄弟因为有总督批文撑腰，此次改变策略，一面应对县府迁厂谕令，一面从速施工，力争早日造成不可迁移之势。德生为此奔波操劳，平日镇守工地，督促日夜赶工。临事又多次往返常州、南京，向官府陈述申诉。屋漏偏逢连夜雨。这一年长江中下游连月阴雨，洪涝并发，沿河的保兴厂地基被淹成一片汪洋。而自五月起，德生妻子产后忧虑郁积，酿成大病，几乎不起，幸亏用了参苏饮方才出现好转。到七月，新生的儿子又染上疾病，并且病势沉重，加上庸医误用药物，最终未能挽回。

无锡荣巷旧貌

正当天灾人祸接踵而至，敲诈不成的士绅又使出一招，请来游方术士扶乩求神，说西洋机器会坏了稻田禾谷，还会带来瘟疫。一时间，无锡城中谣言四起，有说天降暴雨淹了太保墩的，有说保兴厂竖起大烟囱用了童男童女陪祭的，更有甚者，把荣家婴儿夭殇也归为老天的报应。面对夫人掩面而泣，老母亲连声责备，荣德生对只顾厂事不问家事百倍自责，一阵眩晕竟然栽倒在地……

## 终于具呈销案

这一年十月，因为八国联军攻占北京而逃往西安的太后、皇上动身返回京城。差不多同时，接连上诉的荣氏兄弟终于迎来了胜诉的契机。总督第八次批示下达到县：保兴公司一案，知县办理无方，着令摘去顶戴；具呈阻挠之人，查取职名，听候详参。消息传出，轮到闹事的乡绅慌了手脚，于是请出一位与荣家相熟识的温姓士绅，居中调解。

温君找到荣德生，商量和解条件。德生回复说，工厂已完成土建，即将安装机器，只要不迁址，其他均可商谈。温某根据乡绅们意图，提出三条：一是工厂驳岸不伸出河道；二是煤灰不抛入河中；三是不高放回声（不拉响高音汽笛）。德生说，这几条都在情理之中，可以答应，给了士绅们一个下来的台阶。于是双方联合签署呈文，得到县衙批复，注销结案。一桩迁延将近一年的公案，至此落下帷幕。

保兴（茂新）面粉厂外景

来年二月初八，保兴厂正式开机。当日，四方贺客往来不绝。这是无锡第二家新式工厂，又历经磨难，格外引人瞩目。尚未恢复顶戴的孙襄臣也前往道贺，荣氏兄弟以礼相待，也算冰释前嫌。可当日出头反对者，却是一个未到。好在经过这一番波折，创业办厂的理念开始在无锡一点一点深入人心。

# 三 八爿石磨起家

荣德生一手开建的无锡梅园，造型独特的乐农别墅前，摆放着三张黄褐色的圆形石桌。石桌面齿纹斑驳，裂隙纵横，四周用铁箍紧紧箍住。这就是荣家保兴面粉厂最早磨粉机的主要部件——石磨盘。1909 年工厂设备改造，4 部石磨拆除，根据德生的意见，磨盘保留了下来。后来被移到在建的梅园，放置在山顶的高尔夫球场旁，作为游憩品茗的桌子，也用以教育后人不忘前辈创业的艰辛。据史料记载，当年国内共有 4 家面粉厂采用同类石磨，其余 3 家厂都没能保留下来，唯有保兴（茂新）的这几块磨盘，历经沧桑，至今仍傲然立于秋雨春风之中。

## 从三百包入手

面粉厂不同于传统磨坊，根本的一点是使用机器作动力。保兴厂采用法国石磨和英国引擎，经过了一番斟酌。为了筹备设厂，德生首先想到要去上海阜丰面粉厂观摩一下。阜丰是中国近代第一家民族资本的机器面粉厂，由安徽孙氏家族的孙多森、孙多鑫兄弟集资规银 30 万两创办，1898 年筹建，1900 年正式开车生产，每日夜出粉能力 2500 包。对于德生的请求，阜丰一口回绝，说本厂从来不给外人参观。德生只得另寻门路去增裕面粉厂踏勘。增裕是上海唯一一家外资面粉厂，有假四层机楼（生产车间）一座和钢磨 7 部，1897 年开车出粉，日生产能力 800 包。德生持米行袁经理的名片进得工厂，有华人庶务陪着看了四周和一楼的麦仓、粉仓，正要抬脚上楼观看轧粉间时，却被告知不能再看：洋人经理关照，至此为止。

无法看到门道，德生便托同乡介绍，到德国瑞生洋行咨询粉机定购。瑞生的尤葛民，态度相当和蔼，只是对磨粉机的技术性能不很熟悉，但还是给出了基本信息。产能最大的美国造机组，400 筒需资金 13 万至 14 万元，也可以订购半数 200 筒，7 万至 8 万元。英国钢磨次之，价格在 8 万元左右。法国石磨为最低，5 万至 6 万元。也可以英制动力与法国石磨相配套，以 300 包产能为起数，总费用 2 万元上下。

信息反馈到朱仲甫处，朱说：现今招股不易，订购大机器无此财力，且从 300 包入手吧。保兴厂创办时额定股本 3 万元，即由此而来。其实当时朱仲甫对于办实业只是抱一试的念头，不想一步踏得太深。就这样，保兴购进、安装英制 60 匹马力引擎 1 台，法制石磨 4 部，外加麦筛 3 道、粉筛 2 道，共计花费 2.3 万元。

茂新面粉厂最初使用的石磨

## 更名茂新

保兴厂投产后的半年间，面粉销路不畅，工厂仅有微薄收益，担任总经理的朱仲甫失去了一开始的兴头，有了退意。他对德生说：此厂前途似难有大的发展，自己“做惯大差使，觉得没有意思”。恰在此时，广东方面有消息传来，由七十二行商承包厘金亏蚀巨大，不能如数缴纳，当局有收归官办的打算。原来税务的同僚也不断发来信函，催他回粤重谋复职，朱便想要在官场东山再起。加上儿子去世，他回到苏州不再过问厂务，派了卢少棠作为代理。

卢少棠因为担心后手会发生亏空，其实未到厂视事，只是传出消息说要工厂转营其他行业。

对此，德生考虑之下，赶去苏州面见朱仲甫，商量工厂前途。朱说，他不日将赴粤，想要出让股份。还提议将厂停办，交由卢君盘点清理。并对德生说：你如果对工厂前景也不抱希望，那就还到广东来帮我办理税务吧。德生没有作答，但他心里明白，吃辛吃苦办起来的工厂，就像自己的儿子，怎么可以轻言放弃？他立刻赶去上海，与兄长和当过怡和洋行买办的族人荣瑞馨相商，决定接盘朱仲甫的股本，继续办好保兴厂。荣瑞馨说，在上海的无锡籍富商祝兰舫（大椿）有意投资保兴，但要独立加入股份。

◎小贴士

**怡和洋行**：又称渣甸洋行。英国设立于中国的重要贸易机构。1782 年设于广州，最初为代理行，经营中、印、英之间的零星贸易。1832 年改组，以行董查顿、马地臣的姓氏命名，一度移址香港，从事鸦片走私，曾参与英国政府策动的鸦片战争。1843 年在上海设行，并相继在汕头、福州、天津、青岛、汉口、重庆等地设立分支机构，插足贸易、金融、航运、船务、铁路、采矿、仓储、地产、公用事业等，成为远东最大的英资财团。1949 年后关闭在中国大陆的机构，总部迁回香港。20 世纪 90 年代初总部及旗下子公司陆续迁往伦敦和新加坡。

宗敬、德生当即表示，独购别人股份可以，但荣姓之股绝对不让。

经过协商，朱仲甫的股本让出，荣氏兄弟增资至2.4万元，祝兰舫、张石君分别搭入股本，总股本凑足5万元。1903年新年过后，工厂改名“茂新”，张石君为名誉总经理，宗敬、德生仍为批发经理和厂经理。工厂翻开新的一页。

茂新面粉厂大麦仓

## 改用钢磨

为了改良技术，改进出粉质量，荣德生多次到各地新开的面粉厂进行考察。在芜湖益新面粉厂和杭州官办面粉厂，他都逗留数日，对工厂的设备、开机运行和进货、出货等，一一细看细问，并扼要记录，作为茂新经营、管理的借鉴。一个工厂的经理如此细致、认真，在当时几乎是绝无仅有的。回无锡后，根据茂新自身的情况，增添一台清麦机，改变麦子水洗办法，以改进麦子受潮而出粉偏软的情况；增添一道粉筛，完全由厂里机工自己动手仿制。

自制配套木质圆筛

虽然只是局部的小改进，但出粉精度已有所提高。

1904年，日、俄在中国东北开战，面粉市场销路扩大，价格上升。上海的阜丰、华兴、增裕均获利不小，唯有茂新却盈余无多。兄弟俩细究原因，还在于石磨的技术落后，生产规模偏小。前一年刚建成投产的华兴厂，为上海第三家面粉厂，也由祝兰舫投资建办。工厂有英国产钢磨10部，日出粉能力1200包。其机工头目绰号“黑炭”，与上海各厂机工熟识，德生找到他，借来工友的号衣，乔装成面粉厂工人，由他陪着前往其他厂去摸底考察。考察得出的结论归结为一句话：改用钢磨。

但计划可订，资金不足。如果按照华兴厂的规模，需要追加投资10余万元，一时无从筹措。就在这时，沪宁铁路沪锡段建成通车，从无锡到上海的行程缩短为4个钟点。德生连日往返上海、无锡，一面前往怡和洋行看样本定机，一面与兄宗敬商议调集资金。最终决定主机引进、辅机自造，主机定购也采用分期付款办法，首付为银4000两。正当德生在怡和洋行看机，手拿合同准备签约，恰好祝兰舫来到机器房，见到德生便问："连日来这里，为什么事？"德生答："定购磨粉机。""共几部？""6部。""那么其他机呢？"德生说："准备自造。"祝兰舫听了连连摇头："自造靠不住，要上当。如果国人都能自造，外国

◎**小贴士**

**沪宁铁路**：从上海至南京下关的铁路，全长311千米。1897年1月，中国铁路总公司在上海成立，盛宣怀以四品京堂候补的职衔督办铁路总公司事务。他于当年奏明朝廷，先造卢汉干路，随后"次第展造"苏、沪、粤、汉各线。同年，两江总督张之洞奏请修建吴淞至江宁的铁路。在英国向清政府索要筑路权的背景下，铁路总公司与英商怡和洋行签订《沪宁铁路借款合同》，准许英商出资承办沪宁铁路。1905年，沪宁铁路分四段同时开工建造。1908年全线建成，后来东接沪杭铁路，西联津浦、宁铜铁路，成为上海通往北方各省的交通干线。

沪宁铁路无锡火车站

人都要回外国去了。”临别抛下一句话：“好坏也就丢落4000两。”

如果说德生第一次去瑞生洋行时心中没底，那么现在，在自己的工厂开办经营将近5年，又看过各地多家面粉厂后，他已成竹在胸。从怡和出来，他立即着手购备木料，定购车床、钻床等，规划绘图，聘定建筑商。乙巳年（1905）五月初五，茂新择吉拆除辅房，翻造三层楼排机房，同时仿造麦机、粉筛，限日完工。3个月，英制18英寸钢磨6部到货安装，厂房、辅机也相继配齐，正式试车出粉，日产达到800包，开足运行后每日可盈余银500两。德生疲惫的脸上终于露出了难得的笑意。

# 四 “兵船”启航

无锡盛产稻米，民食以米饭为主，所谓“饭稻羹鱼”。但无锡人也喜爱吃面，主要是面条。无锡人吃面，对面条的制作、烧煮以及面汤的配制，乃至浇头的搭配，都别有讲究，特别是在堂吃的面店，历来形成不少说法。机器面粉工业诞生后，机制面粉质量的优劣高下，自然也成为吃客们加以评说的话头。

## 一碗早面

保兴投产之初，机制面粉尚未被人们所认识。加上建厂过程中保守士绅散布谣言，社会上关于面粉厂流传着各种议论，诸如“洋面粉掺了石粉，吃了要中毒”“机器面粉不及土粉，没有营养，不消化”等。尽管机制面粉色白、颗粒细，售价也略低于土粉，但锡城一些面店、点心店还是不愿采用，而干面行也将机制粉掺入传统磨坊出的土粉中一起销售，借以牟利。

对此，荣氏兄弟作出一条规定，就是公司职员每天早上必须吃一碗早面，用工厂前一天加工的面粉所制，开始是清汤面疙瘩，后来也吃白汤面或红汤面，用以检验产品质量。茂新厂的这一做法，也为无锡后来各面粉厂所沿用。例如唐氏的九丰面粉厂，每天都把成品样品送到面店试用，征求店家和顾客的意见。同样也要求批发处和厂本部的职员每早食用面条，力求改进面粉质量，适应加工、烧煮和吃口的要求。经过数年努力，机制面粉才逐步取代土粉，为面店老吃客也为普通民众所接受。

茂新面粉厂厂房和码头

国内小麦因为产地不同、品种不同，具有不同的筋、粉特性。从播种时间来说，麦子有冬麦、春麦之分，冬麦质量较好。以产地而言，山东白麦和江苏杜黄麦为上等，品质佳，出粉率高；安徽一带的黄皮麦，质量中等；湖北的赤皮麦（又叫紫皮麦），筋质好，但出粉率低，因为泥色重、身骨松，属于下等。加工面粉时需要搭配品种，称为“拼麦”，以达到合适的韧性、弹性和拉伸性。不同的拼麦比例，再加上调整粉机的转速和粉筛的幅度、倾斜度，就能达到更好的出粉质量。荣德生常常亲自到车间，与机工和操作工人一起，仔细研究不同麦子的合理搭配，兼顾出粉的颜色、劲道、口感以及加工成本，把产品越做越精。

## 注册商标

1905 年添机改良，茂新当年盈余 6.6 万两。这是 1896 年开办广生钱庄后 10 年间，荣氏兄弟工商盈利最多的年份。有了盈利，兄弟俩将添机等一切费用付清，并把工厂股份加足 6 万元，每股 100 元，计 600 股，各股东据此分发红利。尝到了甜头的荣氏兄弟，更加注重产品质量的提升，也更加注重设备技术的改进。德生每次去上海，都要四处物色杂志和样本，有余暇时随时翻看、琢磨。1909 年讨要到美商恒丰洋行的样本，美国白乃里思最新式的一款磨粉机，吸引了他的眼球。这款磨粉机，设备精良，效率显著，而且刚开始面世，价格格外便宜，还可以欠款购买。两兄弟一向羡慕先进的美国粉机，只因手头资金不足才没有如愿。这次经过谈判，18部钢磨，总价10万元，先付两成，其余八成分两年偿还。至此，茂新厂淘汰了原有石磨，全部换上全新的钢磨，年生产能力达到89万包，为建厂初的10倍。

改用新机后，茂新出粉质量更上一层楼，市场销路随之大开。于是把原先的“飞虎”牌商标改为“兵船”牌，立意在商战的海洋中破浪前行。当时面粉厂的惯例，把生产的一等粉称为二号粉，二等粉称为三号粉，两者都是主食面粉，只是精白程度和价格有差别；三等粉称为四号粉，一般用作酱园槽坊的制酱原料，也作为荒歉地区的民食，因为其价格相对低廉。通常，二号粉用绿色商标，三号粉用蓝色商标，四号粉用红色商标，以便装运和销售中加以区别。茂新的商标和包装也就分为绿兵船、蓝兵船、红兵船三种，一般情况下三者的生产比例为70 ∶ 22 ∶ 8。

最早的“兵船”牌面粉注册商标

为了打开牌子，茂新着重从原麦采购、拼麦搭配、生产操作管理三个方面下功夫，重点抓好二号粉的质量，确保不输于其他厂的绿标产品。同时加强产品质量检验，包括成品保管和装袋称重、包装外观等，也都参照外商面粉厂及国内同行的先进厂，力求做到最好。就在这一年，南洋劝业会在南京举办博览会，荣德生应邀参会。因为母亲去世尚在丧服期间，所以没有准备礼服，穿着布袍、束着麻带的他，开幕式时被展会安保人员拦住，不得入内。但这次盛会，茂新厂的出品获得三等奖牌，还是让他找回一份成就感。绿兵船面粉，初步树立起了声誉。

## 水灾过后

八月的一天，德生从惠山徒步去北塘。北塘是无锡的

◎**小贴士**

**南洋劝业会：**清末官商合办的国际性博览会。清宣统二年（1910），由时任两江总督的端方主持，各地工厂、手工作坊等参与，借鉴美国、比利时、意大利等博览会的办法，在南京组织举办。会址设在三牌楼、丰润门（今玄武门）一带，分设农业、医药、工艺、机械、教育、武备、美术等馆。会期持续半年时间，吸引全国 22 个省份和东南亚等 14 个国家、地区参展，展品总数达百万件。中外 30 多万人前往观摩，对国内实业发展和国货品牌建树产生积极影响。

无锡北塘米市

无锡米市堆栈

商品集散地，集中有数以百计的粮行、米行、山地货行以及粮仓、堆栈。这里河道宽阔，粮船往来出入，成就了无锡作为中国四大米市之首的重要地位。夕阳西下，河面波光粼粼，急急行路的他突然发现，阳光返照的河边墙上，有三四尺高的水渍，不觉惊叫一声“不好”！这一年（辛亥，1911），春天连日阴雨，麦田积水，影响了收成。新麦登场时节又遭大雨，影响到麦子的翻晒进仓。六七月间长江大水，沿江多地发生洪涝灾害，这河道旁房屋墙上的水渍，就是大水水位留下的痕迹。德生心想：麦子受潮，复又受热，质量肯定变坏，势必影响加工面粉的品质。他加快脚步，赶到接官亭弄堆栈，取样检验，果然发热发霉！

德生据此作出果断决策，粮栈对热坏麦一律不收，分散在各地的麦庄或代理商也一律停收，已收购的坏麦全部清出，不得用于生产加工。他把这一条立为规矩，任何时候都必须执行，不得有丝毫松动。这一年的麦市，因为减产减收，上海等地面粉厂大量收储，以防原料脱供，麦子产地也涌现一批囤户，意图待价而沽。一些厂家和囤户见麦就收，夹杂收进不少潮麦、次麦。茂新则采取人取我弃的策略，坚持质量标准，杜绝盲目滥收。同时着力打开未受灾害影响的川麦收购渠道，为后手发展创造了有利条件。

当年 10 月，武昌起义爆发，各地响应。时局动荡，人心不安，金融收紧，利率之高前所未有。加上运输受阻，原麦供应不继，不少面粉厂被迫停工。至年终结算，茂新厂因为处理 1 万石热坏麦，当年盈利微薄，勉强料理过年，但因为坚持品质第一，产品质量在市场上树立起良好信誉，

◎小贴士

**四大米市：**长江中下游重要的稻米集散地。明中后期，随着稻米商品生产的扩大，在水稻主产区逐渐形成粮食交易市场。至清中后期，分别在交通枢纽地和漕粮转运地的无锡、芜湖、九江、长沙发展出一定规模的稻米集散中心，称为“四大米市”。米市以内河运输与铁路运输相结合的运销方式和运销路线，通过米行、米市茶会等中介经纪，以及堆栈等的仓储和金融服务，促进商品流转，降低交易成本。米市的繁盛，也带动所在地粮食加工工业的发展。

为此后的发展奠定基础。与此相对照的是，一向称雄国内市场的上海阜丰，因为大量收囤失晒的热麦、僵麦，产品质量和声誉大跌，麦务主任不得不引咎辞职。作为上海交易所挂牌的阜丰“自行车”牌面粉代表规格品，也就此让位于茂新的“兵船”牌。德生后来回忆旧事，曾不无得意地说：宣统年间茂新改用新机，出粉“品质优良，为社会所乐用，营销各地，兵船粉由末牌渐升至头牌”。

# 五 打出关外

茂新（保兴）开办之初，在当时国内已开工的12家面粉厂中，差不多是规模最小的一家。又设在非口岸城市，加上地方保守派士绅抵制、责疑，散布非难机制面粉的种种流言蜚语，保兴的面粉销路壅滞，所以投产不到半个月，就积压面粉数千包。尽管工厂降低售价，为面店、点心店送货上门，还是收效甚微。开拓市场销售，成为荣氏兄弟迫在眉睫的大事。

## 登门自荐

这一天，上海南市广生钱庄柜台后，正双手相拢、枯坐犯愁的荣宗敬，突然见店堂口闪进一个人来。定睛看去，来人脸庞瘦削，两眼却透出一股坚毅的神情；身穿旧棉袍，但裤脚扎紧，显得很干练。来人也不怯生，一拱手便自报家门，王尔正，字禹卿，无锡西郊青祁乡人。此次专程拜访荣老板，是毛遂自荐，愿意为保兴面粉厂代销产品，打开销路。宗敬连忙让座、沏茶，听完王禹卿的简要说明，不由得对这位思路清晰的年轻人有了几分亲近感。

王禹卿

王禹卿自幼对习读四书五经并不在意，但对历史上范蠡、计然等经商理财的能人却颇有兴趣，对有关食货、轻重之书看得津津有味。在家乡设馆教读的父亲王梅森说：“这小子于读书无缘，将来也许只能当个商人。”他 14 岁进上海胡亦来煤铁油麻店当学徒，3 年期满后升为外账。不过他觉得该店营业不大，个人收入甚微，不久便跳槽到沈元来油麻店，后来又转入恒来油麻店当跑街。随即被派赴天津、烟台、营口等地拓展销售，凭着勤恳和精明，所到之处营业额都比原来加倍翻番。1902 年，他在烟台遇到去北方推销保兴厂面粉的同乡周某，了解到保兴厂创办及其产品销售不畅的情况，既钦佩荣氏兄弟的创业精神，也觉得自己有办法帮助保兴做推销，这才在返回上海时有了会一会荣老板的举动。

宗敬对王禹卿提出的打出山海关、开辟大局面的见解十分折服，又问了他的具体计划，感觉可行，便拍板委托他试销库存面粉，当场订立推销合同，明确佣金和费用开支办法。

## 成功挖角

王禹卿到东北推销面粉，利用他前些年销售油麻的门路，与各路商帮互通声气、广为联络，借助众商相互联系的优势扩大销售。当年在沈元来油麻店时，他就崭露出峥嵘头角。油麻业是一个成熟度很高的传统行业，同业间竞争异常激烈，上海周边及苏南地区木船修造业的油麻供应早已各有造主。店老板沈瑞洲便派他前往常（熟）、（江）阴、沙（洲）一带开拓销售，之前曾派了几拨人去那里招徕生意，都没有成功。而王禹卿一去，短短两个月时间就与长江沿岸的造船作坊打通关节，把油麻生意做得风生水起，这令沈瑞洲非常惊讶。此次去北方推销面粉，他

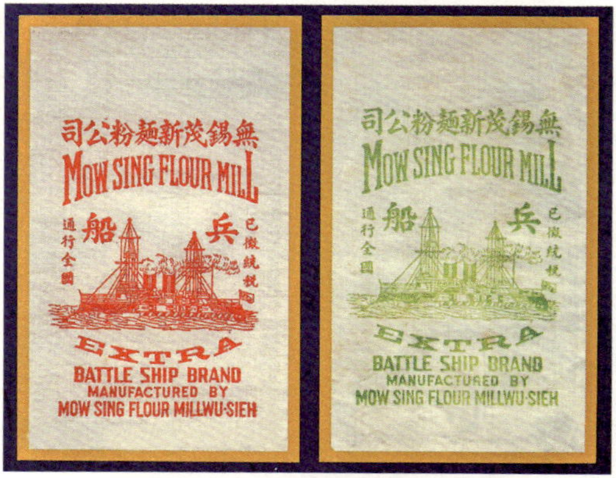

茂新厂“兵船”牌面粉的包装和商标

再次运用自己的营销策略，以灵活、圆通打开销路，不到一个月就把积压的2万包面粉全部销出。

王禹卿回到上海复命，荣宗敬看到他依然穿着出去时的那身旧棉袍，却把预付销售费用结余的200多元钱如数退还，不仅见识他超过常人的经营才能，更看到他正直诚实的操守品德。便问：你在油麻店月薪多少？王答：3块银洋。荣说：我出12块，开年你到我这里来吃“路头酒”。当时商业行业的规矩，小年夜商号老板、伙计、学徒同吃年夜饭，老板把一锅鸡汤中的鸡头夹给谁，就意味着谁被辞退，饭后卷铺盖走人，开年不必再来上班。而来年正月初五是“请路头（财神）”的日子，店员们都要到店参与

◎**小贴士**

**日俄战争**：日本和沙皇俄国为重新分割在中国东北和朝鲜的势力范围，在中国境内进行的一场战争。1904年2月，日本突然袭击俄国在中国旅顺的舰队。10月，双方正式宣战。第二年1月，日军攻陷作为俄国太平洋分舰队基地的旅顺港；3月，又在奉天之战中击溃俄陆军主力；5月，俄国从波罗的海、黑海调来增援的舰队也在对马海战中几乎全军覆没。战争期间中国东北人民蒙受巨大灾难。在美国斡旋下，1905年9月日俄两国签订《朴茨茅斯和约》。凭此一战，日本攫取了沙俄在中国东北独占的领土领水租借权及其他特权。

祭祀。祭完“路头神”，全体同仁喝“路头酒”，老板正式宣布新一年的人事安排和薪金待遇。王禹卿就此跳槽进了保兴（茂新）的沪上经理部。

宗敬先是派王禹卿到苏北黄桥麦庄任会计兼司牍，让他熟悉面粉厂的前道环节。一年后再度派他前往东北销售面粉，又是一个月工夫，3 万包面粉尽数售罄。1904 年日俄战争爆发，东北的面粉厂被迫停产。王禹卿常驻营口，纵横捭阖，大展拳脚，除茂新出品外，兼销美国进口面粉，兼营广生钱庄东北一路汇兑，3 个月中销粉 20 余万包，获利 2 万余两。这一年年底，宗敬正式聘他为茂新公司销粉主任。

## 铺开网络

为茂新厂提供动力的申新三厂发电机组

差不多同一时候，荣宗敬还聘请到另一位能人浦文汀，担任茂新公司办麦主任，依凭他掌握原麦产地商路商情的能力和经验，麦子收购也进行得井井有条。根据王禹卿、浦文汀的建议，茂新在各重要产麦区设立麦庄，负责原麦采购、调运；在各大商埠设立批发处，负责面粉的推销。麦庄和批发处有的是自设机构，买房或租房开设，委派专人驻守；也有的是委托代理，与当地商号订立合约，委托代购或特约经销，以减少费用开支。各处购销人员都明确经营目标，订有累进的佣金比率，通过经济手段，促进实物数量、质量和经济效益指标的完成。至20世纪10年代，茂新在各地所设麦庄、批发处（有的是粉、纱兼营）不下20处，荣德生曾说：茂新“厂虽小，布置不小”。

1908年，受市场上麦贵粉贱的影响，茂新出现亏损。加上运货去天津的货轮在海上触礁沉没，损失达5万元之巨。也在这一年，荣宗敬投资的裕大祥商号，受上海“橡

◎小贴士

**“橡皮股票”风潮**：1910年发生于上海的金融风波。20世纪初，由汽车工业兴起带动的橡胶制品（轮胎）生产快速发展。1908年秋，有外商宣称在澳大利亚种有大批橡胶树，创设公司，大事招股。同时联络汇丰、花旗、麦加利等外商银行，开设该项股票的押款业务。加上暗中操纵，使股票价格越抬越高，一时间中国商人、官员、居民竞相争购。1910年6月，国际市场上橡胶价格出现下跌，幕后操纵者迅速将手中股票在高位脱手，然后潜逃国外。外商银行紧急宣布停止抵押，并追收之前的押款。该项股票随之暴跌，牵连上海等地一批商店、钱庄、银号相继倒闭，总计损失达数千万两白银。

皮股票”风潮牵连而倒闭，荣氏企业也受到拖累。几处亏损汇总到一起，使茂新和创办不久的振新纱厂顿时陷于困境。各钱庄相继停止签发庄票，转而纷纷上门催促还贷，两厂面临破产抵债的严重危机。

为茂新厂修配机件的公益铁工厂

在这紧急关头，荣氏兄弟经再三权衡比较，痛下决心停歇父亲手创的广生钱庄，集中调度资金维持粉、纱两厂的运行。这固然考虑到广生钱庄的业务正日趋低落，难以与新兴银行业相竞争，而面粉、棉纱作为新兴产业有着长远发展的良好前景；同时也清醒地看到，闭歇广生仅是荣氏一家的资财受到损害，而万一茂新、振新拖垮，则投资入股的诸多亲朋好友都将蒙受损失。两兄弟壮士断腕，果断结束钱庄，统筹运作资金，终于挺过难关，挽回了危局。

# 六　从一厂到四厂

荣氏兄弟茂新面粉厂的成功，引起无锡地方上一些中小商人的关注：茂新6万元资本，居然一年可做一两百万元生意，很快赚回全部本钱？于是纷纷商议仿做。从1910年蔡缄三、唐保谦的九丰，到1914年孙建侯的泰隆，先后开出4家机器面粉厂，并于1915年成立了无锡面粉厂同

开设于大运河蓉湖庄附近的九丰面粉厂

业公会。但是，因为外国面粉倾销，国内农业落后，出现麦贵粉贱局面，一些工厂开工不足甚至停工，自然无收益可言。

## 租办

一天，荣德生信步经过财神弄的同和钱庄，钱庄老板吴玉君热情招呼他进去喝茶，钱庄经理方寿颐也在座。吴、方两人 1913 年集资 16 万元，在惠山浜创办惠元面粉厂，日产面粉 1600 包，牌号“刘海”，此时正因亏蚀而停工。吴玉君凑上前说：德先生的茂新厂年年赚钱，我的惠元停工赔钱，老兄能否教教我如何开厂？德生笑着回答：我开钱庄关门，兄台是否可以教我如何开钱庄呢？三人哈哈大笑，吴玉君便道：惠元便宜一点租给兄经营，只要付个利息钱，如何？德生问：当真？答说：明日回复，待我问过董事就当真。第二天反馈信息：答应出租，租期 3 年，租金每年 2 万元。

此时的茂新，已装齐第二组 400 筒新式磨粉机，动力也由引擎改为大马力电动机，一切旧式机器全部拆去，只保留锅炉和老烟囱，日出粉能力达到 5000 包，年盈余可有 12 万元。兄弟俩想要再作扩充，但原地已无余地，正在为兴办新厂作谋划。租下相当于九成新的惠元后，立即

茂新面粉二厂

派出机工，参照茂新加以整理，改名茂新二厂，生产效能增为每日 2000 包，出品全部以“兵船”牌子进入市场，月月盈利。也就在这一年，第一次世界大战的战火在巴尔干半岛燃起，西方各国相继卷入战争，进口面粉、棉纱锐减，国内纺织和粮食加工业迎来前所未有的好时机。

随后，荣氏兄弟又租下泰隆、宝新面粉厂，分别改名

◎小贴士

**第一次世界大战**：1914—1918 年欧洲国家两大集团之间为重新分割殖民地和势力范围而进行的大规模战争。19 世纪末 20 世纪初，欧洲形成同盟国（德、奥、意等）和协约国（英、法、俄等）两大军事集团。1914 年 6 月，以奥国皇储斐迪南被刺为导火索，两大集团开战。不久，中、日、美等国也卷入战争，战火燃及欧、亚、非三大洲。1918 年同盟国集团实力不支，土、奥、德等国相继战败投降。11 月签订停战协定，以同盟国集团失败告终。此次战争历时 4 年零 3 个月，参战国家 33 个，卷入战争的人口达 15 亿人，死伤 3000 多万人。

为茂新三厂、四厂。至此，无锡 5 家面粉厂，除九丰外，全部归荣氏兄弟经营。

## 接盘

丁巳（1917）元宵节后，德生又一次路过同和钱庄，与吴、方两人相遇。吴玉君笑道：我把面粉厂租给兄，兄大赚钱，应当分点给我。德生回道：那我就把厂交还给你。不过，你肯定赚不了钱。吴便说：那就把厂卖给仁兄吧，兄也就算是把这两年的余利还给我，白得一爿厂。德生一口答应，于是双方正式谈判。最终，惠元以原股票票面价值 16 万元交割，正式定名为茂新二厂。工厂外墙上镶嵌的砖刻大字，即由德生亲笔手书。他在广东税局时曾用功习字，每天站立着写大楷 100 字，柳骨颜筋，雄强沉稳，笔力遒劲，所写门联柱对，从文辞到书法，都令同事们折服。

“欠入、赚下、还钱”，本是荣氏企业引进设备、获取技术的一个方式，即通过贷款和赊购买下机器，然后分期还款，用投产后的盈利偿付机款。后来这一方法也被运用到工厂的

荣德生手书“梅园”刻石

租买、并购之中，通过租办，赚下利润，再将工厂一举买下，实现企业的滚动发展。一般情况下，出租经营的工厂大多面临困难，租金和买价都相当低。荣氏兄弟往往将租下或买下的厂房、设备抵押与银行，获得借贷资金，用于设备改造和流动资金周转，所以一举多得。1921年前，荣氏的茂新、福新共计经办过15家面粉厂，其中租办6家，租办期满后收买的3家，续租的1家。租办和收买的粉厂设备（磨粉机），占其茂新、福新两大系统设备总数的16.7%，最高年份占到39.3%。

不过，在无锡租赁经营的其余两厂，荣氏并没有接手。泰隆租下后，任命冯屺怀为经理，两年期满后由孙氏收回自营，但并不赚钱，几经招股改组，不慎于1936年失火焚毁。租赁宝新，德生聘任荣月泉为经理。荣月泉为宗敬、德生的族兄，曾任北洋政府交通部电政司司长。德生特地将自己在茂新的一部分股份挂在其名下，言明有盈利即全额分红，亏损则归德生负担，并指派号称荣家企业“总督”的陆辅臣协助其管理厂务。结果是工厂增产，年年赢利。租约到期后，原厂主唐氏将工厂以13.8万元出售给上海长丰面粉厂，改名长丰二厂。1923年长丰经营失败关闭，该厂机器设备仅以4.8万元卖给冯屺怀，拆往安徽蚌埠。

只有荣氏接盘经营的茂新二厂，1919年添机扩产，产能达到日产5000包。第一次世界大战结束时，茂一、茂二、九丰三个厂在无锡成鼎立之势。因为兴办实业卓有成效，荣氏兄弟被政府授予五等嘉禾奖章。

## 建新厂

无锡是华东地区重要的粮食集散地，具备发展粮食加工业的重要基础条件，但不可能也没必要把各地的原粮都集中到一地来加工。也就是说，受原料供应和产品销售的制约，像粮食这样关系日常民食的加工工业，在一地发展总会有它的“天花板”。

在无锡的面粉加工生产能力达到全国总数的7.1%，江苏全省总数的56.6%，仅次于上海、哈尔滨而居全国第三位时，荣氏兄弟就已感觉到，进一步发展必须开辟新的天地，其方向一是向麦子产地靠近，一是向更大的销场——口岸城市伸展。

济南茂新四厂

1916年，荣氏兄弟

已经在上海办了福新一至四厂，于是打算向小麦产地扩展。德生与助手华栋臣一起，以外出旅游的名义，前往湖北、河南、山东等地考察，为茂新分厂踏勘选址。在汉口，看到硚口填地基，发觉墙脚太浅，加固后买下了一幅土地，后来福新五厂就落户在那里。去郑州，选定火车站附近地块，此地办麦较为便捷，正准备办理申请，却传来消息说已有该省王姓士绅禀部立案，并且已批准专利，限制在一定时间内开办同类工厂。于是转至济南，这里交通便捷，且产麦质量上乘，确定在十王殿附近选址，建造茂新四厂。

其实早在两年前，茂新就在济南、济宁设立麦庄，收购鲁麦。德生往返京津时，几次在这里停留，拜访在山东任职的杨味云、张晋阶等无锡同乡官绅，就城市交通、地形、市场、民情等加以考察，对那里商埠初开、道路整齐、

◎小贴士

**津浦铁路：**从天津经河北、山东、安徽、江苏抵达南京浦口的铁路，全长 1014 千米。早在 1899 年，清政府即与英德银团代表进行商谈，意图借款修筑津浦铁路。后几经曲折，直到 1910 年 9 月，分别由清政府大员梁敦彦、徐世昌等与英德银团代表正式签订借款合同，借款总金额 980 万英镑，年息 5 厘，约定 30 年还清。铁路于 1912 年建成通车，全线与胶济、陇海、淮南等铁路相交，成为中国东南部一条贯通南北的铁路干线。

人心振作，留下良好印象，也就有了购地兴业的设想。至1921年，茂新四厂建成开工，总投资25万元，安装有美国钢磨12部，日出粉3000余包，沿用“兵船”商标。因为收购原麦的优势，其产品质量居茂新、福新各厂之冠，畅销京津等地，并被津浦铁路列车餐室所采用，得到中外人士的一致称赞。在战后国内市场平滞的大形势下，济南茂四效益独树一帜。

# 七　三姓六兄弟

荣家企业属于家族企业，在其早期发展中家族化管理特征十分明显。但它在人事方面不尽是任用家人族亲，也注意广揽人才，用人之长，共成事业。茂新、福新面粉厂的创业，最脍炙人口的就是“三姓六兄弟”的故事。

## 共同创业

茂新创办跨入第十个年头，计划拆除石磨、改装钢磨，荣德生、王禹卿忙着看样定机。这一天两人途经三洋泾桥，“高人”王乔松在此处摆摊，王禹卿便上前卜了一卦。抽得的签文是“拔茅连茹”。问：算何事？答：做厂。问：自做还是帮人做？答：帮人做。“高人”说：很好，三年中必发大财。德生、禹卿都很高兴，筹资请人，定机造屋，分头进行。十年前，德生第二次赴粤就职，乘船时同舱者有三位僧人，均为大寺方丈。其中一位乃鼎湖山方丈小巅，擅长看相，曾对德生说：施主不宜读书，不宜做官，将来可得异路。德生便问：那么走什么路为好呢？小巅答：农工商均妙，但要一心不二，十二年方能参悟精深。德生后来细想这两次占课，认为非常灵验，特别是“拔茅连茹”，正应了日后“接连造厂之谶”。

其实，荣氏的创业成功固然有天时、地利的有利条件，而更重要的还在于人和。从茂新到福新，面粉业创业就是荣氏与王氏、浦氏三对兄弟合力所为。茂新添机扩厂成功后，浦文渭、浦文汀兄弟有了自己创办米厂的想法。浦氏兄弟为无锡东南乡厚桥人，其父浦雅言曾在荡口镇开设米行。兄弟俩自小耳濡目染，又到无锡粮行习业，刻苦钻研，终于练就一手鉴别各地米、麦、豆性状品质的高超本领，也对各处粮食运销的来路去向了如指掌。在茂新的创业发展中，如果说王禹卿功在开拓营销，为产品销往关外打开局面，那么，浦文汀则是把关原麦购进，包括打通质量上乘的川麦采购渠道，灵活套用客户资金，也立下奇功。

王尧臣

得知王氏兄弟、浦氏兄弟都想另

浦文汀

立门户、单独办厂，而又苦于资金不足，荣氏兄弟便把话挑明，提出联手创办新厂，既为褒奖有功的合作者，也为留住经营人才。此议得到王、浦兄弟的赞同，商议决定，荣氏兄弟各出资 1 万元，浦氏兄弟 1.2 万元，王氏兄弟 0.8 万元，合计 4 万元，共同创办福新面粉厂，从租屋欠机入手，由小做大。宗敬为总经理，王尧臣任厂经理，浦文渭任副经理，浦文汀兼办麦，德生为公正董事。新一轮创业就此起步。

## 合力开拓

福新公司于 1912 年创办第一厂，至 1919 年的第八厂，差不多每年新开一个厂。其中包括租办，如福新二厂为租

上海福新二、四、八厂全景

办老牌的中兴面粉厂（不久后买下）；也包括并购，如福新六厂收买当年祝兰舫的华兴面粉厂。这八家厂除福新五厂建于汉口外，均在上海，并且相对集中，靠近铁路站区，沿苏州河两岸展开。在河北面，福一、福三、福六高低错落；在河南岸，以福八居中，为八层的车间大楼，福二、福四又如两翼，向东、西展开。整个厂区规模宏大，建筑壮丽，呈雁行排列，俨然一座面粉工业之城。

从茂新到福新，六兄弟殚精竭虑，协力开拓。福二租下中兴后，又将近旁一片垃圾场买下，计划建造福新四厂。按照宗敬的设想，该厂将建造新式钢筋混凝土厂房，引进最先进的美国出品全副磨粉机，办成国内一流面粉厂。整个建造、安装由宗敬亲自部署、亲自指挥。但这片土地本

◎**小贴士**

**上海工部局**：即上海公共租界工部局，设立于1854年。前一年，小刀会起义攻占上海县城，清政府失去对外侨居留地的管治。于是，经英、法、美三国驻沪领事提议，在沪外国人组成一个独立机构，负责上海租界自治性的管理服务。工部局包括警察、法庭、监狱等一整套类似于政府组织的管理体系，征收赋税，进行市政建设，处理教育、文化、卫生等公共事务。工部局由董事会领导，下设专门委员会；其执行机构包括相关业务处室，由总裁主管。1943年，日伪当局“收回”租界，工部局宣告结束。

为水稻田，地势低洼，摊平垃圾后又加填泥土。因为机器交付及时，工期短促，填土不够严实。担心底脚不牢固，特地购进一批丈五桐木，按梅花桩排列，打入地下作为支撑。工厂建成后，开机却发生机房震动。负责装机的洋工程师要求重建机房，上海工部局也以不符规定为由指令不准开工。疏通无果之下，王禹卿深入现场仔细察看，根据自己多年的实践经验，提出整改方案。经与大隆铁工厂老板严裕棠商议，购进一批“工”字钢，按禹卿方案对机房梁柱进行加固，果然治好了震颤毛病。

互相补台的同时也互相帮衬，形成合力。1917 年，王禹卿打听到华兴面粉厂营业清淡，有出盘之意，立即报告荣宗敬，计划出手盘下。其时福新接二连三扩展新厂，资金不敷周转，又恐接手后遇到困难导致后手不继，得不偿失，集团内部发生不同意见。对此，宗敬还是果断拍板：先租后买。租办两年中，王禹卿精心调度，一一理顺，并未出现所担心的问题，于是正式买进，定名为福新六厂。买价 25 万两，签约先付 1 万两，其余 24 万两 3 年内分 6 期交付。至 1921 年底交付完毕时，该厂账面盈余积累已达 40 余万元。

第一次世界大战后，欧美各国谋划经济恢复，相继设立各类商品物资交易所，就连日商也到上海开办“取引所”，经营粉麸期货买卖。王禹卿经过琢磨，向宗敬提议发起成立中国人的交易所，以与外人相抗衡。宗敬联合粉业巨头王一亭、顾馨一等，很快办起上海面粉交易所，对国内小麦、面粉价格的起落起到一定的调节作用。小麦原料的供应和质量，为面粉厂命脉所系。1920年，在荣宗敬倡议和支持下，由王禹卿和上海面粉同业公会出面，与东南大学农学院合作，购地1300亩，在南京大胜关建立小麦实验农场，试验品种改良，5年间取得可观成绩。此时，茂福申总公司成立，荣宗敬任总经理，重点转向申新系统，而在上海的福新系统，也就由长袖善舞的王禹卿担当了全面负责的重任。

◎**小贴士**

**上海面粉交易所**：近代中国面粉业期货交易场所和机构。中国机制面粉最早的贸易所设立于1908年，由各厂商公议，附设于上海机器面粉公司公会内。粉、麸期货交易由贸易所制备三联式货票，成交签票，到期交货。1918年8月，由宁钰亭、荣宗敬、王尧臣等发起，集股50万元，筹设上海面粉交易所，于1920年正月正式开幕。交易所选举王一亭、徐文彬、荣宗敬等9人为理事，王一亭为理事长。后股本增至75万元，额定经纪人55人，组成经纪人公会。面粉交易以茂新厂的绿兵船牌面粉为标准粉，麸皮仍以签发成票交易。

## 差异和包容

荣氏兄弟合力创业，秉承了父亲临终的嘱托，自强不息，奋发有为，两人的名字共同彪炳于中国工业化的史册。但两人的行事风格迥然有异。宗敬魄力宏大，一往无前，强于开拓，德生曾说：“先兄气魄宽广，大度磅礴，遇事勇往直前。”而德生勤谨务实，处事稳扎稳打，兢兢业业，善于守成。两人合作无间，合成互补优势。与他们合作的王氏、浦氏兄弟，也互有短长。作为弟弟的王禹卿、浦文汀精明干练，以信息灵通、思维活跃见长，勇于创新、不断开拓；而王尧臣、浦文渭则忠厚踏实，为人谦和谨慎，擅于从细节着眼着手，锲而不舍地把事情做顺做好。性格各异的六兄弟，就凭着互相尊重、互相包容，同心合力干成一番大事业。

王禹卿

值得一说的是，同为开拓型的荣宗敬、王禹卿，治理企业也有诸多不同。宗敬锐意进取，着眼于大局，不斤斤计较小节；而禹卿大事要抓，小事也管，赚大钱志在必得，对小钱也不轻易放弃。宗敬常劝禹卿："水清则无鱼""吕端大事不糊涂，才是真宰相"。禹卿则反问："那么，涓涓细流，而成江河；聚沙成塔，集腋成裘——这又做何解释呢？"有族人违纪，捅下篓子，禹卿坚持："治厂一定要严。触犯规矩，就是皇亲国戚，也要开除！"宗敬去说情，被他一口回绝，最后还是作了处理。福新公司一直采用旧式会计制度，宗敬多次要求禹卿改用新式簿记法，但他以总公司银账房发生新式账册涂改的弊病加以回怼，宗敬也只能听之任之。

所以，当年就有人以汉代抗击匈奴的两位名将做比喻，说宗敬如李广，治军散漫，不拘细节，但远放斥候（侦察兵），善于在战略上作布置，又与士卒同甘共苦，因而将士用命；而禹卿就像程不识，击刁斗，治军簿，常常彻夜不眠，因而军旅严整，进退规矩，同样常打胜仗。

# 八　以粉济纱

1912 年至 1919 年，是荣家面粉企业大发展的时期，也是其纺织企业创立的时期。但是第一次世界大战结束之后，盛极一时的繁荣景气逐渐消散。这一方面是因为外粉外纱恢复对华倾销，同类国货产品不仅出口锐减，国内市场也被外货侵占而空间大大缩小；另一方面是外国资本大量输入中国，特别是日商对华投资相对集中于纺织业，因争夺原料而导致国内棉花价格上涨，棉纱则外货充斥，与麦贵粉贱一样，花贵纱贱也成为中国民族工业身受的巨大痛苦。

## 以布制袋

1920 年代初，荣氏申新系统连续两年亏损，但尚能维持生产。1923 年，上海德大纱厂资金链断裂，被迫拍卖。

德大老总穆藕初，早年留学美国，曾翻译介绍泰罗的《科学管理法原理》，出版论著、编著10余种，被视为近代中国企业管理的“教父”。他一手打理的德大、厚生、豫丰（郑州）三家纺织厂，也以规模宏大、设备精良、管理严明而在业界赫赫有名。但即便如此，依然在严酷的市场竞争中败下阵来。德大被债权人以60万元拍下，交由钱庄经管，不久又以65万元被荣氏兄弟买下，改名申新五厂。

那么，荣家企业又何以能在如此严峻的形势下，保持正常运行，并调集资金再作扩张呢？德生在他的《乐农自订行年纪事》里透露出一点信息，那就是力谋改良，一是

◎小贴士

**穆藕初**（1876—1943）：名湘玥。祖籍苏州洞庭东山，前代避乱迁居上海，以植棉为业，并经营花行。因家道中落，早年失学到花行当学徒。后发愤自学国文、英文，成绩优异，于1900年考入江海关。期间追随马相伯、黄炎培等参与沪学会创办，投身社会改良运动。1909年在朱志尧等人资助下赴美求学，获农学硕士学位。1914年回国后集资建办德大纱厂，以出品之佳而居上海各纱厂之冠。1916年筹建上海厚生纱厂，1918年又在郑州创建豫丰纱厂。在创办经营企业的同时，他结合实践钻研企业管理，并翻译产业经济和管理学著作10多种，为中国近代企业管理理论的开拓者。

荣氏申新纺织厂

管理体制改革，一是设备技术革新。此外，还有重要的一点，就是以粉济纱，酌盈剂虚。自1918年起，申新自一厂至三厂先后增添布机，织成之布用于制作面粉袋。这既保证了棉纱的出路，又减轻了粉厂的成本。好在这几年荣家的面粉厂，通过购进廉价外麦，不断扩大生产，袋布需求量有增无减。“出布做袋，沾光极巨”。以申新一厂为例，1921年至1924年，制袋用布从18.24万匹，增加到49.48万匹；本厂自己消化的棉纱自24.1%提高到40.4%，棉布自28.7%提高到55.9%。

所以德生说：“纱业至此，除内地厂或有立脚，上海、天津均不振。唯我局则因粉厂小小帮助，尚堪存在。”除了自制粉袋、调剂销路外，面粉厂资金调度，以及向行庄抵押借款，用于投资扩张和流动周转，也是纺织厂滚动发展的重要支撑。

## 粉纱联营

荣氏资本集团以粉、纱为主业，在无锡的茂一、茂二和申三和在武汉的福五、申四，是其粉、纱两业统筹经营的成功典范。1919 年福新五厂建成投产，德生安排大女婿李国伟前往主持厂务。李国伟出身贫寒，父亲早逝，靠母亲做女红和叔父资助读完中学，考入唐山路矿学院，毕业后在陇海铁路总工程局任设计工程师。因为忠厚踏实，得到德生器重，特地召回荣家企业从业，有托付重任的期望。次年，德生又让结束了茂新三厂租赁业务的荣月泉去到武汉，担任福五经理，协助李国伟调度管理。在福五开工生产的头几年，鉴于湖北小麦多沙石，德生还多次亲自前往汉口，指导员工拣去原麦中的石子，帮着改进麦筛、粉筛。直到出粉质量达到优胜，树立起红、绿“牡丹”品牌，产品成功销往西欧，才完全放心。

李国伟与夫人荣慕蕴

1922 年，李国伟按照宗敬的规划，在汉口建办申新四厂，粉、纱两厂形成犄角之势。然而申四的发展却并不顺当。就外部而言，日纱倾销，纱价持续低迷；

中原军阀混战，交通梗阻，货物受损，费用大增。就内部而言，创办资金不足，负债沉重；管理缺乏经验，不得不沿用工头制，严重制约企业运行效率。内外矛盾交织，工厂经营连年亏损，全靠福五资金挹注。福新部分股东因此担心申四会将福五拖垮，纷纷吵着要卖掉申四。而就在隔壁的日商泰安纱厂，本来就虎视眈眈，看到时机来了便四出活动，企图一举吞并申四。李国伟急忙赶往上海，向宗敬陈说利害。宗敬义正词严：我生平只有买进工厂，从来没有卖出的打算！在岳丈德生支持下，继续依靠福五支持，李国伟一面不断扩充纱锭布机，提高工厂装备水平和规模效益；一面果断破除工头制，引进无锡公益工商中学毕业生章剑慧、龚培卿等，加强技术管理、工务管理，终于一步一步走出困境。

1931 年长江流域洪水为灾，坐落于江边皇经堂的申四、福五面临堤溃水泄的危局。李国伟带领工人日夜守护在江堤上，奋战 40 余天，投入 10 余万元，用去麻袋 10 万只，细麦 2 万多包，终于保住了工厂，所幸福五没有一天停产。1933 年申四维修天轴油领，不慎打翻照明蜡烛，引发厂房大火，3 万纱锭全部焚毁，惨淡经营 10 年的工厂陷于绝境，不得不解散工人，全面整理善后。在宗敬、德生的谅解和支持下，通过保险公司理赔，以厂基抵押借得贷款，加上面粉厂调度资金、供应电力，李国伟全身心投入复厂复工。

汉口申新四厂

新建全新钢筋水泥厂房，配置纺机 5 万锭，织机 850 台，终于从根本上扭转亏损，连续 3 年高额赢利，于 1936 年一举还清多年积欠的 700 多万元，成为荣氏企业集团一个新的生长点。

## 关隘重重

在旧中国的社会环境下，面粉工业本身也行走在艰难竭蹶之中。荣氏兄弟靠着坚忍不拔的毅力，排除重重困难，才不至于陷入泥淖。

对作为民食的麦子，政府向不征税。1900 年后面粉流转仍然免税，但对进入市场的小麦每石征收产销税规银 4

分，北洋政府时期改为运经海关（内地海关）的小麦每担纳关税银 1 钱。因为军阀割据，地方分治，不仅跨省，就是一省之内也到处设卡、层层收税，加上警捐、商会捐、自治捐……种种附加税捐名目繁多，最终全部加入面粉的生产成本之中。关键还在于，旧中国的关税不能自主，在不平等条约保护下，洋麦、洋粉进口以供应外侨食品的名义一律免税，进口之后通行无阻，致使洋粉充斥国内市场。1928 年国民政府实行裁厘改税，对面粉运销开征特税每包 1 角，进一步加重面粉业的负担。对此，荣宗敬在全国关税会议上提出议案，请求对洋粉进口一视同仁予以征税；

◎小贴士

**裁厘改税**：又称裁厘改统。厘金是清政府为筹措镇压太平天国起义而开设的向客商征收的货物通行捐税，因为重复征收、贪污勒索，成为一项病商害民的恶政。尽管社会上裁厘呼声强烈，但因地方政府和各路军阀阻挠而始终未成。南京国民政府成立后，于 1927 年、1928 年两次提出裁厘，也因故搁置。1930 年在关税自主取得成功后，南京政府第三次宣布裁厘，自 1931 年 1 月 1 日起废除厘金制度及各种变相的货物税、子口税、常关税等，并将各地常关裁撤。同时实行统税制度，凡是缴纳了统税的商品准许在全国范围流通，各地不得再加征其他捐税。通行了近 80 年的厘金秕政最终被革除。

汉口福新五厂

并多次致函麦粉特税局，要求对国产面粉“勿再重征，以纾商困”；并在报刊发表文章，呼吁政府豁免或减轻粉厂税负。但基本没有得到回应。

这一时期军阀混战，中原地区农田荒芜，小麦减产；战火中断交通，运输受阻。之后政府当局又下令对国产面粉实施禁运政策，这无异于断绝面粉业的生路。九一八事变后，南方产的面粉无法进入东北，而日本和日本强占面粉厂产出的面粉，则以走私方式大肆侵入华北市场，限制了国产面粉的营销。对此，茂新、福新各厂趁着政府棉麦大借款的机会，想方设法订购廉价洋麦，扩大产销，以求得生产和财务的平衡。但这也面临一定风险。福新公司就因为大量购进期货美麦，市场麦价突然跌落，到期被迫高价交割，亏蚀巨大，只能由上海福新各厂分担。

1933 年后，福新系统从茂福申总公司中分离出来，另立福新总公司，王禹卿任总经理，而汉口的福新五厂仍归李国伟掌管。至此，荣氏兄弟确定的“酌盈剂虚、以粉济纱”的方针，在总公司层面上也就中断了。

# 九 微人称“王”

荣宗敬、荣德生都是学徒出身，以微末之人走上创业奋斗之路，终于赢得“棉纱大王”“面粉大王”桂冠。“大王”者，行业统领者之谓也。在近代无锡，真正称得上全国行业“大王”的，共有三人，荣氏兄弟之外还有一位，即“丝茧大王”薛寿萱。薛氏乃晚清改良主义思想家、知名外交使臣薛福成之孙，曾任天津三署发审委员又兼洋行买办的富绅薛南溟之子。相比较而言，荣氏兄弟是真正的微人创业的成功者。

## 面粉“王国”

1919 年，荣氏茂新 4 家面粉厂全部开出，福新 6 家厂运行，2 家厂开建——全部 12 家面粉厂的基本格局定型。

就在这一年，出了两件令人瞩目的事，一是荣家经营的面粉厂共有磨粉机 301 部，日生产能力达 7.6 万包，全国“各处出粉之多，无出其上”；二是荣家面粉厂所出“兵船”牌面粉，远销老牌资本主义国家的英国伦敦。也正因为此，社会上有了“面粉大王”一说，此说还登上了美国杂志。不过，德生的想法是：自觉惭愧，不足以当此盛名，“仍思力谋扩充，造福人群”。

虽然第一次世界大战结束后，国内面粉工业面临外国商品、资本反弹输入的严重挤压，茂新、福新系统还是抓紧扩充发展。除完成福新七、八两厂建成投产外，其他各厂也分别添置、更新设备。1926 年冬天，无锡茂新二、三厂先后遭火焚毁，于是在二厂原址重建钢筋水泥厂房，订购美国最新式钢磨 18 部，加上近两年添机改良，共计新增磨粉机 58 部，日出粉能力 2.08 万包。至抗战爆发前，荣氏面粉厂共有粉磨 335 部，日生产能力 9.8 万包，年产量 2100 万包，分别占全国华商面粉厂总数的 29%、24.8% 和 28%。

荣德生使用的办公桌椅

德生还是一如既往，坚守自己的信念：

“各厂之陆续添设，既无大资本，更未尝依赖人，完全余与兄同心合力，靠思想，勤劳耐苦，一味专心事业，为社会造福，非为自己享福。”

## 领跑同行

荣氏兄弟成为“面粉大王”，不仅在于企业规模壮大，更重要的是技术设备和运行质量的领先。

当时先进的机器设备都从国外引进，按照设计，引进设备的生产能力都有一定的限度。例如美国华尔夫厂制造的磨粉机，每600筒额定的日出粉能力就是2400包，而在中国因为麦子的性能和工人的操作，实际还达不到这个产出标准。那么怎样才能突破限制、提高效率、增加产量呢？德生、禹卿带着技师、机工深入车间摸索，发现关键在清麦环节。国外进口的机器，是按照国外的小麦品质设计的，而国内不同产地麦子的质量差别非常大，而且杂质多、灰粉多，麦筛跟不上进料速度，只能根据实际情况关低麦机进量，产量当然相应减少。针对这一情况，茂新、福新各厂决定改进进麦环节，增加立式打麦机、风箱等设备；同时拉长出粉粉路，添置圆筛，增强筛理能力。后来还增添荞子机，用以去除荞麦、雀麦。所有这些举措带来显著效果，标准的美国磨粉机600筒每天出粉提高到3500包，而且粉

经过改造的公益铁工厂

质清爽，粉色洁白。如果使用进口原麦，日产量更可达到4500—5200包。

重要的是，所有这些添置的设备，都由工厂机工仿照国外相关设备自行制造。为了增强机器设备的修配能力，德生在其创办的公益工商中学实习工场的基础上，开办公益铁工厂，下设金工、铸工、木工、机械4个车间，物色人才，配备

◎小贴士

**大隆机器厂：**中国近代有代表性的机器制造厂。1902年由严裕棠集资5000两创办。开始时主要为外国轮船修配机件，后也为在上海的工厂修理、配制零部件。自1912年起，承接中外厂家按设计图纸包工制造机器设备。1920年迁厂扩建，加工制造能力得到提升。不久严裕棠租办苏州苏纶纱厂，奉行“棉铁联营”发展路线，大隆厂业务蒸蒸日上，获利丰厚，资本额增至50万元，年获利达10万元以上。沦陷时大隆等厂被日军占据，成为军火生产工厂，战后作为敌产被国民政府接收。1954年公私合营，后与上海压缩机厂合并重组，成为国内往复式压缩机和高压泵的专业制造商。

各种进口机床，为荣家企业修配纺织、磨粉机器。1927 年，经过扩充改造成为独立经营的机器修造厂，对外承接零配件制造和机械修配业务，并不断添置自动车床、专用磨床、万能铣床等先进设备，具备了制造小型机器设备的能力。主要仿造、自造织布机、络筒机、浆纱机、打包机、磨粉机、抽水机、小型引擎等机器设备，成为一家装备精良、技术全面的机器修造厂。国内民族工业里，只有上海大隆机器厂等少数几家工厂，具有相似的设备仿造、自造能力，而这也为茂新、福新领跑同行业，注入了强劲的技术能量。

## “兵船”胜过“老车”

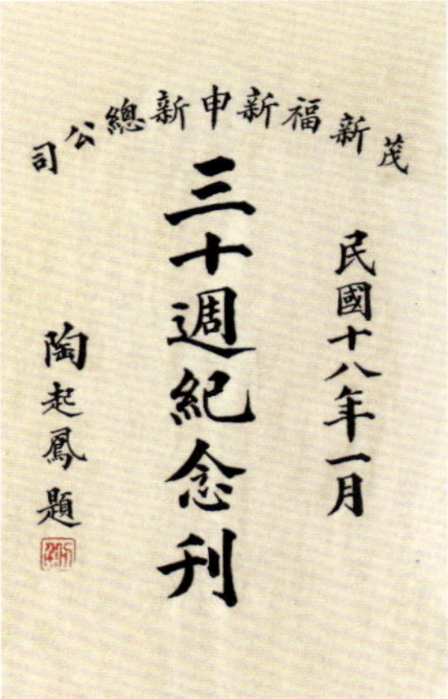

茂福申总公司纪念刊题词

20 世纪 20 年代，面对外国商品、外国资本的大举进入，国内国货运动蓬勃开展。特别是上海、南京、武汉、杭州、无锡等民族工业较为发达的城市，通过开办国货陈列所，举办国货展览会，创设国货商场等，宣传国货产品，奖励发明创造，呼吁为国货厂商营造良好发展环境。1925 年五卅惨案发生后，各地相继爆发罢课、罢市、罢工大潮。荣宗敬第一时间在报刊发表《提倡国货宣言》，荣德生积极组织产品参与国货展览和陈列。九一八事变、一·二八淞沪抗战，荣家企业都带头捐赠面粉和棉布，用作抗敌部队的军粮和军服。借助反帝爱国运动的推动，荣家企业的产销再次步入由平转高的发展阶段。

国货运动中，荣家面粉企业特别重视国货品牌的锻造。自 1920 年代起，茂新、福新和阜丰发展成为中国近代机器面粉工业的两大台柱，除了资本力量充实、技术设备精良外，两者都注重产品质量的提升和品牌信誉的建立。吸取辛亥洪水霉麦事故的教训，阜丰面粉厂重视采用先进加工工艺，执行严格的管理制度，由此保持产品质量的长期稳定。它出产的“自行车”牌面粉，用来炸上海人早餐喜

◎小贴士

**阜丰面粉厂：**中国近代民族资本第一家机制面粉厂。1898 年由安徽官僚地主孙多森、孙多鑫兄弟集资 30 万两创办于上海。工厂奉行“稳健经营”策略，创立“自行车”品牌，以薄利多销取胜。第一次世界大战后资本额增为 100 万元，年盈利高达 20 万元以上。先后向山东济宁、河南新乡等地扩展，共建有 6 家工厂，日生产能力 4.7 万包，占全国（不含东北地区）机制面粉产能的 16%。其中上海厂日产能力 2.6 万包，超过福新八厂，号称“远东第一”。1955 年公私合营，1966 年转为国营。2018 年工厂旧址入选中国工业遗产保护名录。

茂福申总公司庆典同人合影

欢吃的油条，每斤可以比其他厂产品多出两根，受到用户欢迎。它租办长丰面粉厂后，又以5000两的价格买进长丰厂的“炮车”商标使用权，所出面粉统称“老车”牌。茂新、福新主要采用“兵船”商标，重在原料选择，生产管理严格认真，出产面粉以筋质、色泽优于别厂而广获好评。在营销上，以降低成本抑低售价，同时改进包装，增加每包面粉的分量，还随机在面粉袋里放入银圆、银角作为“彩头”，以促进销售。茂福新的产品销售相继超过阜丰，业界称为“兵船”胜过“老车”。

靠着国货运动的宣传和内在质量的优胜，“兵船”牌脍炙人口，茂新、福新面粉远销南洋各地和澳洲、欧洲，年出口数量以百万包计。

# 十 命运交响曲

日本军国主义的悍然入侵，打断了包括荣家企业在内的中国近代民族工商业的发展历程。中国沿海地区工业遭到毁灭性打击，一些企业被破坏焚毁，一些企业陷于无法运转的困境，也有一些企业化整为零散入农村艰难图存，更有一些企业辗转千里迁往内地，奏响了一曲与抗战激昂旋律相交织的悲怆交响乐章……

## 炮火之下

七七卢沟桥事变猝起，荣氏兄弟并未陷于慌乱，他们期望“战事早平”，相信百万之众的国军能够正面顶住侵略者。淞沪会战打响，荣家企业第一批捐出5万包面粉及大批慰劳品，以实际行动支援抗敌作战。有人劝荣德生，赶紧将存货、现款结存外汇，存入外国银行，留好一条退路。德生却大不以为然，反而加紧购进原料，扩大生产，并“以还清欠款为上策”，以“顾全信用”。直到8月底，北方交通阻断，面粉大量积存，茂新厂还在开足马力为福新加工存麦，还在考虑代总公司归还押款。

但时局变化不以人们的良好愿望为转移。10月27日，日军重型轰炸机集中轰炸上海工业区，申新一厂、八厂被炸毁，当场死伤职工430多人。为彻底摧毁被视为眼中钉的荣家企业，在上海的日本丰田纱厂还组织一批浪人、流

◎小贴士

**淞沪会战：**抗日战争中中日双方第一场多军种多兵种协同的大型会战。1937年卢沟桥事变后，日军派出长江舰队进入长江口，并有3000人的海军陆战队在吴淞口登陆。同年8月9日，日海军两名军官驾车闯入上海虹口机场寻衅被击毙。国民政府于次日发表《自卫抗战声明书》，并于8月13日出动第九集团军的两个师，向日海军陆战队虹口基地发起围攻。日方急调第3师团、第11师团等进攻上海，中方也先后投入8个集团军48个师等60万兵力加以抗击。日军在投放5个师团、1个旅团13万兵力后，又组建第10军8万人在金山卫登陆，并以军舰、战机助攻，最终以强大火力突破中国军队防线。10月25日，国军反攻失利，11月8日晚全线撤退，11日上海沦陷，首都南京暴露于强敌之前。

氓，冲进申新厂废墟，将幸存的上百台大牵伸精纺机用重磅榔头逐台砸毁。地处杨树浦和闸北的申新五、六、七厂及福新各厂，也遭到后来入侵日军的劫掠、拆毁。在无锡的荣家工厂也没能逃过浩劫。战前荣氏所办 21 个棉纺、面粉企业，在短短两三个月里被炸被毁 14 个，除了在租界和迁往内地的几家工厂外，厂房、设备连同原料、产成品悉数被毁被劫。其中申新三厂最为惨烈，残忍的日军用硫黄火药将房屋、机器炸毁，又浇上柴油焚烧，一座钢筋水泥工厂变成几堵破败的残壁。后来回到无锡的德生，目睹一

被侵华日军炸毁的茂新一厂

荣宗敬

片黑黝黝的废墟，不由得顿足捶胸，痛彻心扉。

就在国运、家运的转折关头，荣氏兄弟本人也迭遭厄运。宗敬原想在上海租界内依托剩下的工厂复业生产，但终因处境恶劣，并有失足深渊的危险，不得不于1938年1月4日深夜，乘坐英商洋行的轿车驶往黄浦江码头，连夜搭乘外国轮船远走香港。因为前几年申新搁浅等风波，他身心俱疲，已患中风，眼看一生心血创办的企业大半被毁，又加身居异乡，精神压抑，常常黯然泪下。到香港后一个月，宗敬脑溢血发作，不治离世。

德生避难汉口，突然传来兄长去世的消息，痛失手足，使他万分震惊。也因为宗敬病逝，上海16家钱庄联名起诉追债，直逼在汉口的德生。迭遭横逆之际，德生也转郁成疾，病倒在了床上。

## 内迁川陕

德生避难离开无锡，经芜湖乘江轮去往武汉，在船上遇到一群空军驾驶员同舱前往。这群后来大多在武汉会战中壮烈牺牲的年轻空军战士，给了他莫大的鼓舞，心中略感宽慰。到达汉口后第二天，德生便到工厂视察，见李国伟他们已准备了一批大木箱，准备在出现危局时拆卸机器，装运上游安全之处，当即加以制止，要大家安心。在德生看来，日军未必有足够的军力攻到武汉，如果武汉不保，去哪儿都没有活路。再说纺织、面粉属于轻工业，不在国民政府规定的内迁范围里。而工厂搬迁、机器拆运，本身就不是一件容易的事。所以他要求申四、福五抓住战时物资供应不足、价格上涨的机遇，扩大生产，多得利润，用于还清债务。也正是基于这一理念，除了公益铁工厂具有

◎小贴士

**武汉会战：**抗日战争战略防御阶段规模最大、歼敌最多的一次战役。日军攻占上海、南京、徐州后，于 1938 年 6 月 15 日作出攻占武汉的决定。国民政府军委会也拟出保卫武汉的作战计划，调集第五战区、第九战区全部兵力及海、空军部队，沿长江、大别山、鄱阳湖组织防御，决心与日军进行战略决战。自 8 月初起，日军调动 35 万兵力，分长江南、长江北等 5 路西进。在历经马头镇、万家岭、富池口、富金山等战役后，日军攻占鄂城、信阳，逼近大冶，对武汉三镇形成三面包围。10 月 24 日，蒋介石下令放弃武汉，保存军力。26 日武昌、汉阳失陷。抗日战争由此进入战略相持阶段。

军工生产能力，奉令拆迁重庆外，上海、无锡荣氏各厂均未动迁。

1938 年 8 月，武汉已处在日军重兵围攻之下，蒋介石下令立即拆迁武汉所有工厂，并让宋美龄前往督察。市长吴国桢召集各厂开会，下达死令：立即搬迁，不遵令者立即炸毁，“在武汉决不留一草一木给日寇”！强令之下，申四、福五才仓促行动。德生一面安排李国伟前往宝鸡等地考察，嘱咐他：“报效国家社会，在荒僻创造事业”；一面吩咐华栋臣等在汉口组织拆运，合理调度，务求降低损失。但时机紧迫，此时距武汉失守已不足一个月，搬迁中一部分机器装船沿长江西行，因遭遇敌机轰炸而翻船沉没；一部分机器装火车北上，因信阳失守不得不折返，途中又遭日军劫夺。好在还是有差不多半数的粉磨、纺机、织机、后整理设备及物料，分别抢运到了重庆和宝鸡。其间战火纷飞，负责装运的员工历尽千辛万苦，也有人为此血洒大江荒原。

迁往川陕的荣家企业，在严酷的战时条件下开始了重建再创业。几年间，申四、福五在内地共建起 11 个工矿企业，除粉、纱外，还新办铁工、陶瓷、造纸、煤矿等企业，为大后方经济发展和军需民用作出了不可磨灭的贡献。即以面粉工业而言，先后在重庆、成都、宝鸡、天水开设 4 家工厂。这些面粉厂主要为民食供应处代磨面粉，供应居民食粮，也为宝天铁路局、天兰公路局磨制给养粉。虽然数量有定数，价格也限定，几乎无利可图，但生产稳定，经营顺畅。成都面粉厂，因为川麦籽粒饱满、皮薄筋强，所产“飞机”牌面粉粉色和筋力俱佳，投放市场深受当地百姓喜爱，获得良好收益。

## “孤岛”求生

荣家留在沦陷区上海、无锡的面粉企业，自然难逃敌寇的蹂躏。国民党军队西撤之时，坐落上海闸北的福新一、三、六厂就被日军占领，随后交给日商三兴面粉公司经营，改名为三兴一、二、四厂。在无锡的茂新一、三厂全部毁坏，茂二也被日商华友制粉公司强占，改名华友大新面粉厂。好在福新二、七、八厂还在自己掌控之下。此时英、法、美在上海的租界及时宣布“中立”，形成日占区中的一个“孤岛”。留在上海的荣家纺织、面粉企业，利用租界的特殊条件，想尽办法在战争的缝隙中谋求生存发展。

被日军炸毁的荣家工厂厂房

租界各厂以“出租”“出售”“股票委托”等办法，挂上“外商”招牌，以美国、英国公司的名义注册经营。因为战争的破坏，市场商品奇缺，米、粉、纱、布供不应求，价格一路走高，加上“孤岛”内游资充斥，便于借贷、套现、结汇，也方便采购、囤积原辅材料，对工厂非常有利。为此，福新残存各厂开足马力扩大生产，至1940年获得厚利总计800余万元，按市价折合黄金2.4万两，一举还清了战前全部押款、借款、欠款，股东、同人也有红利分得。即使在这种情况下，德生也坚持薄利多销。他常对厂中执事人员说：麦从外洋来，粉向北洋去，平心静气，有点薄利，绝不能趁着战乱，在民食上赚昧良心的钱。这一年，荣家

战后修建的荣宗敬墓

在高恩路的新居建成，外观壮丽，内饰精雅。因为左邻右舍都是华楼洋房，院屋宽敞美洁，不这样设计建造，工部局不予批准。但住进新居的德生却并不高兴，认为违反了“不营华屋”的祖训。他心里想的是，什么时候河山重光，还是要住回风光秀丽的无锡去。

然而好景不长。太平洋战争爆发，日军进占租界。为支撑对美作战的军需，对商品物资实行全面管制，“孤岛”畸形繁荣的景气很快化为过眼烟云。因为原料供应不继，进出口贸易中断，各厂相继停工停产。原先挂英美牌子的企业，更被日本军部作为“敌产”接收管理，所有货物进出、资金收支，均要经日军监督官签证认可。后来，日伪当局又对所谓的军管理工厂和原先强占的工厂假意“发还”，以诱骗原厂主进行“合作”经营，借此宣扬“中日亲善”。此举遭到荣家抵制，对前来劝说“合作”和“价买”的人，德生严词回绝：我是中国人，中国的产业绝不卖给外国人！结果是，名义上“发还”的福新各厂，又被日商强行“租赁”，继续霸占经营。

# 十一 再创新业

处在沦陷区的荣家企业，饱受摧残折磨之苦，犹如日寇案板上的肉，任其宰割。尤其是太平洋战幕揭开之后，洋麦进口断绝，国内原麦又受到日军严格管制，实行所谓“统买”（小麦）“统配”（面粉）政策，各面粉厂必须按日向日伪麦粉统制委员会申报登记购销数额。加上电力限制，华商企业奄奄一息。但即使在这种情况下，德生和他的子侄辈及合作者们，依然抱定抗战必胜的信念，相信中国人民终将打败侵略者，赢得民族的独立自由。

## 大天元计划

寓居上海租界的荣德生，年近七旬，已不直接操持厂务，企业的经营、管理均由儿子、侄儿们独当一面掌管。

但他并没有停止对于企业战略发展的运筹，特别是战后的恢复和发展，事关企业集团的全局和长远，因而时时萦绕心头。按照他的想法，抗战后事业的发展当另成一新时代，从前的一切将告一段落。所以须“立定主张”，计划新创一个规模宏大的企业集团，他为之取名“天元实业”。这个集团按五行分类，大致包括：土——煤炭、水泥、石灰、砖瓦的生产；金——采铁、冶炼、金属加工、机械制造；木——棉、麻、毛、丝等的纺织、印染、整理、缝纫，面粉等粮食食品加工；水——化工及塑料的开发；火——电力工业。

◎小贴士

粉麦统制委员会：日本侵华战争中为控制资源、维护统治建立的经济统制机构。1943 年 3 月，汪伪政府成立全国商业统制总会，对米粮、粉麦、纱布、燃料、油料、日用品六大类物资的购销、运输实行全面统制。同年 5 月粉麦专业委员会成立，负责苏浙皖三省和南京、上海两市的小麦统买和粉、麸统配，设立上海区粉麸统配处，并在各地设分支机构。1944 年 6 月改组为粉麦统制委员会，划归汪伪行政院领导。规定各代理商、收买商收购小麦的资金统一向指定银团借贷，收购数量、质量、价格、结算等严格按收购计划执行，产品统一配售，不得擅自经销。同时实行粉麦移动取缔办法，对无证移动予以没收、罚款和法办。因为华商企业抵制和偷逃，统买统配政策最终归于失败。

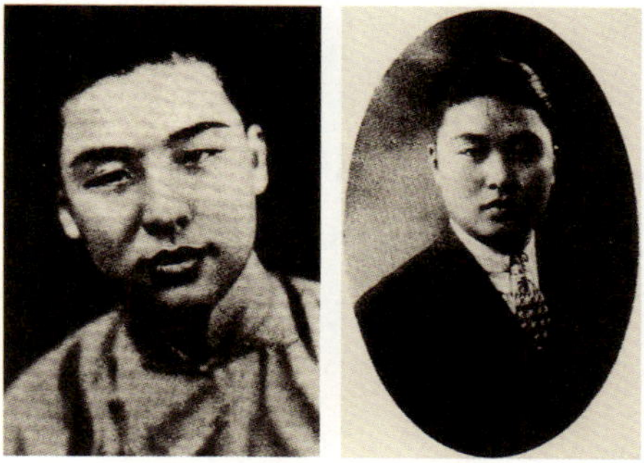

荣德生长子荣伟仁、次子荣尔仁

而企业的布局，将从全国范围着眼，必选“产地近、运输便之地区”。

曾有人问他：何以想要如此扩大？德生回答：“对外竞争，非扩大不能立足。”中国人口众多，只有大力发展工业，才能增加物品的供应，才能解决社会大众的就业。“在别人看来，贪心不足，力小图大，风险堪虞，实皆不明余志也！”当然他也深知，宏大的事业必须有稳固的基础，凡事必须“度才量力而行”，可进则进，不可进则收，切不可猛进，“否则不但徒劳无益，且恐尽弃前功”。

为此，德生派出二儿子尔仁前往重庆，一是与中央政府取得联系，二是筹措战后复建资金。此时他的长子伟仁因患鼻癌已去世。次子尔仁自幼聪明异常，德生认为他最具执掌企业全局的潜质。尔仁没有像兄弟们那样进大学学习经济或工程技术，小学毕业后由父亲特地聘请的晚清翰林江霄纬单独教授国学，中学毕业后即到申新三厂实习，从车间工务员做起，边干边学。后又跟随总工程师汪孚礼学习业务技术，曾先后在申新多家工厂担任副厂长、厂长，其才干不仅为宗敬、德生器重，也得到上下员工的好评。到达重庆后，尔仁一面积极活动，办理总公司的法人登记，为战后恢复发展取得合法地位；一面大力筹措外汇资金，为订购机器设备做好准备。有资料说，至抗战胜利前夕，荣家企业从上海转移到重庆 50 多万美金，出口经营中结存纽约的存款有 32 万美金，而李国伟申四福五结存黄金 6000 多两，折合美金也有 30 多万元，这些都还不包括企业用以周转的资金。

## 茂新重建

日军侵占无锡时，茂新一厂被放火烧毁，二厂被强占作为日军病马院，机器设备被拆毁，数万包小麦、面粉、麸皮被抢劫一空。抗战胜利后，荣家首先争取收回二厂，筹备重建一厂。但接收茂二，手续之繁胜过开办，公文往来，联络奔走，待到国民政府批复下来已花去 3 个月时间，用去车旅费等以千元计。德生抱怨说，“层层推诿，官说官话，不顾民瘼”。有一个好事是，日商华友公司留下小麦约 5 万包，归江苏省田赋粮食管理处接收，经争取委托茂新二厂代磨加工。仅这一笔业务，就让茂新获利折合小麦 3745 担，成为后来重建茂一的资金来源之一。

根据德生的安排，他第四个儿子毅仁出任茂新公司经

抗战胜利后荣毅仁奉父命主持重建的茂新一厂

理，重建茂一的重任也就落在了他的肩头。茂一是荣氏集团的发轫之厂，开厂后 30 多年间年年获利，如德生所说，“为吾局一切企业之发源”，它的被毁“最为痛心”。所以他要求毅仁，一定要“以吾心为心”，重建一座高标准的工厂。对于重建，毅仁也确实倍加用心，在清理瓦砾焦土、拆除原有大烟囱后，相继修复公事房，建造新车间大楼，完成麦仓、粉仓、码头、变电所等配套设施。又通过在美国的五弟研仁的协助，定购最新式的磨粉机。历经两年，方才全部完成，投入生产。

茂新一厂复业志禧纪念杯

重建的茂新一厂，采用英国鲁滨逊公司制造的成套设备，日生产能力 3400 包，麦仓容量 2000

吨，洗麦、清麦、烘麦、筛粉、清粉、吸灰等设备一应俱全，外加水分、灰分、比重、蛋白质等全套化验测试仪器。工厂建成后全日开工日出粉达到5000包。英国利物浦《面粉工业》周刊特地发行1948年度圣诞专号，以《一家现代化的中国面粉厂》为题，图文并茂介绍工厂历史沿革、经营业绩、管理特点，以及荣氏家族和荣氏兄弟略历，称其为世界三家规模宏大、设备精良的面粉厂之一，二战结束后中国第一家堪称现代化的面粉工厂。在当时中国技术落后的条件下，则“此种成就实堪惊人”。

## 规划建设新无锡

在战后重建中，德生超越了自己企业的有限眼界，而是关注整个经济的稳定发展，关注企业发展所要求的经济社会的整体环境，用他自己的话说，是处处“放开心胸，放大眼界”。

1946年6月14日，他赴镇江出席江苏省临时参议会返回无锡，地方报刊的一群记者闻讯赶往茂福申公司无锡办事处，围住他采访。德生的心情一如34年前由北京参加全国工商会议回锡那样，对战后百废待兴抱着满腔热情的期待。一连三个钟点，他面对记者们侃侃而谈，描绘无锡未来发展的壮阔蓝图：整体规划无锡城区建设，填河筑路，

茂新一厂新厂建成祝贺铜牌

划分工业区、商业区、住宅区、风景旅游区，加以整理建设；招徕外来客商，引进先进技术，加快发展经济；拓建通往周边各埠的公路，修筑长江、内河港口，形成四通八达的水陆交通；东连苏州，西接常州，逐步发展，形成“雄踞京沪线、并合苏常、人口数百万之大都市”……

根据这一访谈，德生写成《今后之无锡》小册子，发给他的子侄和助手，希望一起来鼓吹宣传。30多年前，辛

◎小贴士

**全国工商会议：**中华民国初年一次以振兴实业为主题的全国性会议。1912年11月，北京政府工商部在北京召开全国临时工商会议，各省到会的实业家100多人。会议讨论制定法律、修改税则，旨在鼓励发展民族工商业，政府相关部门官员参加会议听取意见。出席会议的工商界代表人士提出发展实业的各种计划和提案要求鼓励民间投资，减轻税负，推行国货，但限于环境和条件，实际被采纳并付诸实施的相当有限。会上41名代表联名发起成立中华全国商会联合会，并决定在上海设立总事务所。

亥革命推翻清朝，同样是历史的转折时期，德生也曾手撰《无锡之将来》一书，以“乐观子”的笔名印行千册，一时间在无锡有识之士中广为传阅。两书前后映衬，展现了这位实业家对无锡繁华兴盛的无限憧憬。半个多世纪之后，人们惊异地发现，两书中所描摹的拆城筑路、办厂建商场、湖滨现代化新城、基于工商繁盛和山水美景的会展中心等，居然一一成为现实。这与其说是工商实业家按照自己的理念对城市发展作出规划，毋宁说是工业化的发展推动着城市化、现代化的必然进程。

# 十二　离奇绑票案

民国后期，特别是日本侵华战争的破坏，不仅摧残物质资料的生产能力，而且扭曲社会结构，给一部分国人的精神造成巨大创伤。一方面，富豪奸商、贪官污吏更加横行不法，对民众巧取豪夺；另一方面，社会上黑恶势力集聚，加上枪支弹药流散民间，一些人为匪为霸，侵渔百姓，绑架勒索、打家劫舍屡屡发生。荣家及其企业就曾多次遭难。

## 遭绑

1946 年农历三月，德生从上海返回无锡，参与荣巷的宗祠祭祀。抗战中多年流离他乡，这一次专程返里参祭，也是了一个心愿。本来晚间还有以“报娘恩”为主题的“乡会”，因为上海总公司有急务待处理，所以午后便匆匆返申。

旧时无锡的龙舟赛会

◎小贴士

**迎神赛会**：俗称庙会。旧时一个地区、一个集镇群众性的文化娱乐活动，兼办节场，交易农副产品、农用物资。江南地区每年冬春时节举行，通常以某个神庙、宗祠为对象，组织对神祇进行祭拜，或抬出神祇偶像作巡游，祈求农业丰收、村社太平。结合各种歌舞、戏曲、器乐、杂技、艺术、武术等的表演，因为各镇村之间有才艺、宝物等的比较和竞赛，所以称为“赛会”。无锡地区的庙会，每年从正月初九的泰伯庙会，到四月初八的祁陀寺庙会，共有28处，其中尤以三月二十八的老八榭庙会最为盛大。

德生的打算是，三月二十六日再次回锡，观看二十八日的迎神赛会。这是胜利后第一次复办赛会，将会格外隆重而盛大。但不到这一日，便发生了绑票大案。

二十四日上午十时许，德生从高恩路荣宅出门，准备乘坐汽车去总公司。不料刚行至门外弄口转角处，就冲出几个蒙面匪徒，没等反应过来就被揿进一辆汽车，一眨眼便疾驶而去。汽车七拐八弯，驶至一条河边，绑匪把德生塞入一条小船中。晚间，又脱去他的夹袍夹袄，换上工人的工装，挟制登上另一辆汽车。不久改乘三轮车，用黑布扎住双眼，来到一处石库门民宅，把他藏在楼上的一个暗室中。暗室四面无窗户，也没有灯烛，漆黑一团。在这里，一日三餐粥饭，外加咸菜、豆腐、鸡蛋和鱼，按德生后来回忆，还算是“相当优待”的。唯一不能适应的是硬木板床，让他难以入睡。

旧时无锡运河、太湖的画舫

从第二天起，便有人来向德生问话，再三盘问，意图勒索巨额赎金。绑匪先后让德生写下 5 封信，但家人只收到其中的 2 封，一是告知家人平安，二是嘱咐筹集资金用于救赎。期间，匪徒从德生衣袋里搜出一个手折，上面记录了他本人和家庭的各项收支，项目、金额写得一清二楚。对方详细加以核算，结果是支出总计 600 多万元，收入总计 400 多万元。入不敷出的情形，使得匪徒们多了几分气馁，所以对赎金的索要也是一降再降。

## 周旋

在被囚禁的匪窟里，德生没有陷于惊恐、颓唐之中，而是以他沉稳的个性品格和丰富的人生阅历，与绑架他的人展开周旋。他发现看守他的人员文化程度并不低，一个在船上撑篙的人，居然能够认真地阅读宪法草案和协商会议记录；一个在楼上看守他的年轻人，眉清目秀，两天就看完一本《青城十九侠》，并且写得一手好书法。于是德生便试着与他们沟通、交流。

德生先是告诉绑匪们，自己是事业家，不是一个资本家。事业家把钱都投在事业上，他这个事业家以事业作救济，养活数十万人，所以家里没有什么钱。相反，那些把金钱藏在家里的资本家，与他根本不是一路人。匪徒们听了面面相觑，也觉得可能是绑错人了。交谈中，德生常称自己耳朵背，听不清旁人说话，其实他对仅有一板之隔的匪首们的密谈听得清清楚楚，包括他们外出打探回来的消息和商议中的争执纠葛，由此增强了斗智斗勇的底气。

当听到绑匪们开始唉声叹气，出现意志松懈时，德生便反守为攻，向他们讨要纸笔，声称要立下遗嘱。他在纸上写下如下内容：（一）自己和兄长艰难创业的经历；（二）索要赎金数额巨大，如要抽出这笔资金，势必影响工厂生产，致使大批工人失业，家庭生活陷于困境，所以务必拒绝交付赎金，决定宁可牺牲个人也要保全事业；（三）告诫子孙一定要坚守先人所创事业；（四）嘱咐安排家庭各项琐事。遗嘱写成后还盖了德生随身所带的印章，并要求无论如何要把这遗嘱送到家人手里。德生这一宁为玉碎不为瓦全的态度，无异于投下一颗精神原子弹，把绑匪们的气焰给镇住了。一些被裹挟进来的小喽啰顿时泄了气，甚至有人借故推托逃走了之。

荣德生使用的钟和印泥盒

这一回合之中，德生还用笔谈方式与那位看守他的年轻人坦陈心意。看出年轻人对将来的出路满怀焦虑，德生便告诉他，当绑匪担惊受怕，待遇远不及自己工厂的工人。眼下工厂人手不足，不如转入工界。还告诉他留心报上的招工广告，以及如何前往应聘等。此后，这位看守人处处给德生以照顾，有什么消息也随时告知。德生事后说笑道，若要是再拖延几日，那几个小喽啰说不定就跟着我走了。

**脱险**

一石激起千层浪。荣德生被绑架案发生当日，就在上海引起轰动。大小报刊的记者四处探访，各种采访、报道以及对案情的猜测，连篇累牍。据说绑匪所开汽车挂的是上海警备司令部的车牌，这也引起当局的高度重视，要求警局和宪兵队围绕绑匪落脚点、使用交通工具、索要赎金以及交付方式等展开调查，限期破案，各处风声越来越紧。荣氏家人为了保护德生的人身安全，则千方百计避开警察耳目，通过可能的管道暗中与绑匪联络，争取以赎票方式救出德生。几方人马相互角力，绑案终于在 34 天后出现转机。

四月二十八日傍晚，被关在暗室中的德生，听得外面人员骚动，然后听得有人招呼看电影，绑匪们陆续离开。十时许，由看守人归还之前被搜去的物件，然后像来时一

样罩上双眼，乘三轮车离开。中途又改换汽车，曲折迂回，最后把德生送到姚主教路的五女婿家门口，总算得以平安回家。经过一

荣德生使用的文具盒

个多月的禁闭，德生已瘦脱一壳，双腿软弱不便行走，只得居家休养。在接受《江苏民报》等报馆采访时，德生曾自我解嘲说，在被关押中，绑匪不允许咳嗽吐痰，怕声音惊动四邻，要他把痰咽下肚去，说这能润肠通便。本人原有便秘毛病，不意在里面天天一堆恭（无锡方言称解大便为“出恭”），“痰能润肠，这倒是我匪窟里生活得到的一个收获”。

这场绑票案，荣家共支付赎金50万美金，事后为“感谢”警局“保护”，奖励“破案有功”警员，又给警局送去10多万美元的“赏金”“酬金”。好在人身未有多大伤害。这一劫难，抽去了荣家用于战后恢复发展的资金储备，德生设想的“大天元计划”不得不收缩、推延。当然这也与内战局势相关联，原计划在全国范围布点，最后还是立足

于无锡；原计划向多个产业领域展开，实际只建成天元麻棉纺织厂、开源机器厂两家工厂。“拟添新事业无一完成，当日最大之理想缩至最小而止。”德生为此留下了一声长长的叹息：“计划未成，抱负未抒，深觉痛心！”

◎小贴士

**“大天元计划”**：荣德生关于抗战胜利后荣氏企业集团发展的基本构想。早在1941年太平洋战争爆发时，荣德生即已看到中国抗战必胜，并认定战后之中国必成一新时代，于是对创建一个规模更其宏大的企业集团加以规划，根据《易》乾卦的彖辞：“大哉乾元，万物资始，乃统天”，取名“天元”。产业发展方向定位为轻重工业并举：（1）“土”：建材；（2）“金”：冶金，机械；（3）“木”：粮食食品，纺织；（4）“水”：化工；（5）“火”：电力。培养人才，分工合作，募集资金，量力而行，在全国范围布局，逐步发展为如三菱、三井那样的资本集团。但因为战后经济环境恶化，也因为荣氏家族内部分化，此计划未能真正付诸实施。

# 十三　在代磨中挣扎

国民党在中国大陆统治的末期，经济环境急剧恶化。政府将接收的大批敌伪资产改为国营，与民争利，抑制了民营企业的发展；以行政手段统制经济，扭曲市场竞争，导致经济秩序混乱；通货恶性膨胀，带来物价飞涨，投机盛行；百姓生活痛苦不堪；官场极度腐败，争权攘利，引发重重矛盾，社会风气显著衰颓……所有这些，使战后一度景气上扬的荣家企业很快陷入困境。

## 面对管制

1946 年 8 月，当局宣布实行外汇管制。战时茂新、福新各厂遭到日伪很大破坏，战后亟须修复设备，补充物料，外汇一经管制，许多需要进口的零配件、消耗品就无从购进。以后国内通货膨胀，外汇汇率不断缩水，进口设备、物资价格大涨，直接影响到茂新一厂、四厂的重建。为此，德生不止一次抱怨说：管制的外汇，很大份额被用来进口水果、食品及无用之品，特别是价格百倍虚高的奢侈品，譬如手表、玻璃制品之类，造成国家的巨大漏卮。按照他的计算，国家没收的敌伪财产大约为 1 万亿元，而短短一年间，进口高价消费品、奢侈品就把这部分价值给抵消了。

在产业领域，因为十四年抗战，又加连年内战，农村经济凋敝破败，国内小麦产量不仅没有恢复到战前水平，反而逐年下降，农村民食尚且不敷，上市供应面粉加工生产的数量就更少。对此，当局又对原麦实行统制，国产小麦需要向粮食部申购，进口小麦更是由政府全部垄断，面粉厂只有代磨才能申请配额。所以福新公司设于各地的收麦、销粉办事处，从原来的 15 处收缩到只剩下 6 处。1946 年各厂购进小麦 47 万余担，仅为全年需要量的 6%；当年面粉产量 13.36 万包，也仅为全年生产能力的 6.4%。

茂新一厂工作报告书、厂务日报

无奈之下，当时第四区（上海及苏浙皖地区，后又改称上海区）面粉工业同业公会组织各厂联合办事处，向四行联合总处提出贷款申请，同时争取实行原麦联合收购。几经交涉奔走，1946年的第一轮申请完全落空，1947年再次申请，反复折冲之下，原计划的3000亿元额度最终被核减为400亿元。而此时当局又因内战的缘故，发布禁止面粉转口法令，即一律不准销往北方地区，结果是加工生产的面粉转为积压，企业损失不小。

## 代磨求生

在外汇、原麦、面粉迭遭管制的情况下，荣家面粉企业只得以代加工维持生产。抗战刚结束时，茂新、福新各

◎小贴士

**四行联合总处：**民国时期中国最高金融调控管理机构。抗日战争开始后，为了加强战时金融的集中管制，在上海设立中央、中国、交通、农民四家银行的联合办事总处。总处不久迁往汉口，又迁往重庆，并在各大中城市设立分处。1939年10月，总处设理事会作为最高决策机构，蒋介石任理事会主席。下设战时金融、战时经济两个委员会，分别设发行、贴放、汇兑、农业金融和投资、物价、平市等处室。1942年起，对四家银行进行专业化分工，央行权限得到加强。同时从美国获得借款，充实外汇基金。总处于1948年撤销。

厂主要是接受行政院善后救济总署委托，代磨美国救济麦，称为“救济粉”。以后又为第一军区司令部和粮食部代磨军需面粉，称为“军粉”。至 1947 年的两年间，沪锡两地茂福新的代磨粉占到总产量的八成以上。代政府和军队加工，数额的配给，工缴的核定，都掌握在政府官员手中，于是，面粉厂串通“行总”和部司各级办事人员，作弊牟利，包括定低出粉率、定高加工费，乃至以次充好、偷工减料，成为一时通病。

至 1947 年下半年，善后救济总署的“援华”小麦代磨任务基本结束，为了减轻费用、减少弊病，政府当局又

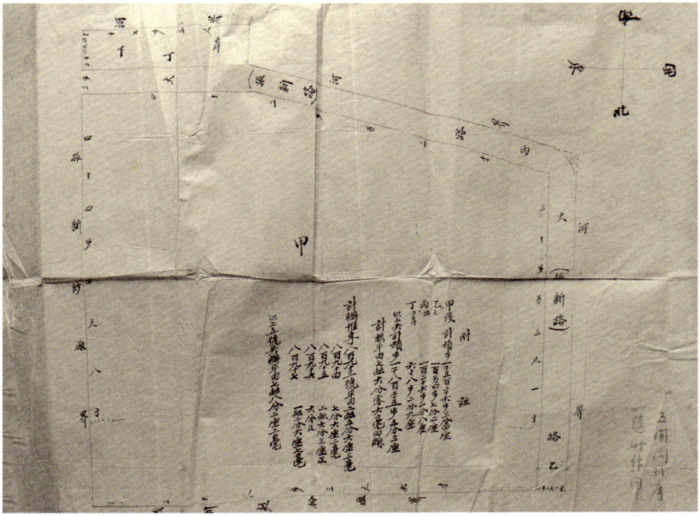

茂新一厂四至边界图

提出由面粉厂代办购买并代加工制粉的办法。1947 年 7 月，茂新、福新、阜丰、华丰、裕通五大面粉厂奉命设立“五厂公记”联营组织，联合为粮食部代购小麦、加工面粉。代购小麦中可提出 30% 作为自购自营，经营自主权扩大；自营面粉的销售，除当地配售部分外，可享受“另行定额准运”的优待，销售范围和定价相应放宽，经营效益转好。“五厂公记”比之其他奄奄待毙的中小面粉厂，处境有所改观。在“五厂公记”自营制粉部分中，荣家茂新、福新占到 60% 以上的份额。

但是，这一切仍然是在政府控制之下。面对资源短缺、

◎小贴士

**善后救济总署**：即联合国善后救济总署。1943 年由美国总统罗斯福发起成立，旨在帮助二战受害严重的国家战后重建。总署创建时有中、美、英、法等 48 个国家参加。其救济资金、物资主要来自美、英、加等国，其中美国捐助 13.5 亿美元，英国 3.2 亿美元，加拿大 0.9 亿美元，三国合计占总数的 94%。共向亚、非、欧各受援国提供食物 910.9 万吨，衣物 53.6 万吨，医药 13.4 万吨，农业物资 3.2 亿美元，工业物资 6.8 亿美元。中国接受援助总额达 5.18 亿美元，其中美、加小麦、面粉占据较大份额。为统筹救济物资分配，国民政府设立行政院善后救济总署（通常称为“行总”），并在上海、广州等地设立分署。

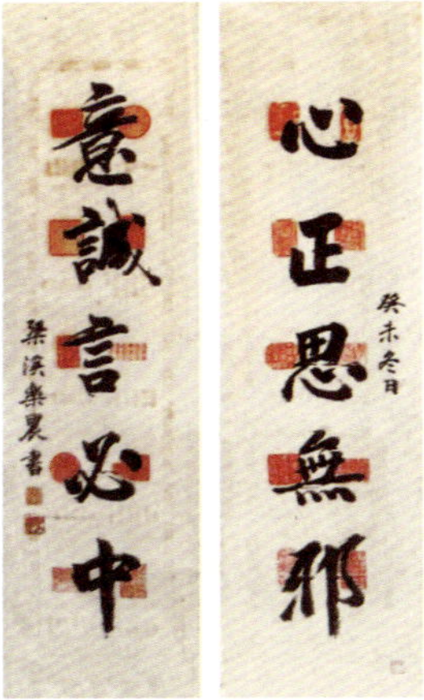


荣德生手书对联

通货膨胀，政府常常以平抑物价为由，要求“公记”各厂低价抛售面粉，而抛售的损失通常达到总价的10%—20%。当局还不时拖欠货款和加工费结算，因为通胀，又白白损失一块利益。对于“政府措施舛谬，有失民心”，德生借着江苏省临时参议会、国民大会开会的机会，多次以条陈的方式提出建议，包括币制、捐税、保护实业、官民关系等，“婉曲进言”，但并未有所采纳。1947年底，无锡10位年届耄耋的社会名流，合成八百岁庆寿，席间德生作了一首七律，发泄胸中的郁闷，其中两联云：

绵绵生齿自天锡，辘辘饥肠遍地号。

课税横征猛于虎，金融诡计狡如猱。

## 军粉之痛

抗战中和胜利后，荣家企业发生了一系列调整、改组。王禹卿因为年老、多病，退出了福新系统的管理；荣鸿元接替父亲宗敬掌管茂福申总公司；荣尔仁奉父亲德生之命对沦陷区部分企业进行接收、整理；李国伟的内迁企业得到壮大自成系统。战后几年间，荣家企业在曲折中发展，形成荣鸿元为首的总公司、荣德生父子的总管理处、李国伟的申四福五三大系统。其中总管理处系统以德生为总经理、尔仁为副总经理，三子伊仁、四子毅仁、六子纪仁分别负责纺织、面粉和机械修造业。

1949 年初的一天，福新公司会议室正在召开各厂负责人会议，商议历史转折关头的应变方案。突然，一阵尖利的啸叫响起，一辆被上海人称为“飞行堡垒”的警用卡车急速驶至，跳下 10 多名全副武装的宪兵，气势汹汹闯了进来。为首者大声吆喝：谁是荣毅仁？主持会议的毅仁站起身来：敝人就是，请问有何公干？来人将手中的几页纸扬了扬，扔在桌上：你，触犯了《危害民国紧急治罪法》，现奉令通知，不经许可不得离开上海，随时听候法院传讯！毅仁愕然：我是守法商人，并未违法犯禁，各位有没有搞错？为首者一脸凶相：你拿霉烂面粉抵充军粉，毒害国军官兵，现在东北战场失利，你荣某人罪责难逃！

荣德生三子荣伊仁、五子荣研仁、六子荣纪仁

军粉？霉烂？毅仁脑海里急速翻腾——产品变质？无论代磨还是自营，都层层把关的呀。存放时间过

久？加工、交货十万火急，不可能拖延呀。再说交货时联勤总部、粮食部上海总仓库会同取样、验收入库，过门关节严格到位，有验单为凭——对了，验单！他让人调出验单，拿检察处送来的起诉书加以对照，立刻明白了：调出交卸的50余万包二号粉、统粉，辗转运输途中被人调包成了三号、四号粉和部分扫仓粉。一定是有人从中做了手脚，调换好面粉销售牟利！此类事情在贪腐成风的国民党官场和军界司空见惯。他立刻找来企业特聘的律师，商议辩护状的撰写。这时有人对他说：四老板，这场冤枉官司，背后恐怕还是要敲一记竹杠哦。果然，这桩轰动一时的“军粉霉烂案”，荣家被上海地方法院勒索去黄金10个大条、美金5000元整。

消息传到无锡荣宅，德生仰天长叹：呜呼！天下无公道久矣！

# 十四　迎来曙光

国民党统治后期，面对当局的倒行逆施、横征暴敛，包括荣氏在内的无锡工商实业家，采取批评、抵制的态度。虽然较多地是从自身的利益和立场出发，但还是汇入了国统区民众反对内战、呼吁和平、反对专制、争取民主的历史潮流。

## 民情沸腾

1948 年春天，荣德生亲自擘画建筑的梅园，花事特别好。梅花盛放，云蒸霞蔚；樱花飘落，烂漫如雪；就连园门一路的紫藤花也特别繁盛，引来各方游人云集。这一年，重建的茂新一厂投产，新建的天元麻纺厂开工，开源机器厂举行破土典礼。而他规划创办的江南大学，理工、文学、农学三院开齐；公益中学初中已完善，高中也升至一、二年级；大公图书馆藏书超过10万卷，基本恢复战前规模，其中不乏善本、精刊本。但德生却一点也高兴不起来。因为就在这一年，其三儿一心去粤港察看销场，乘坐的“霸王号”客机降落时失事坠毁，惨罹不测之祸。短短几年间，他已有三位儿子先后殒命（长子伟仁病殁，六儿纪仁饮弹自尽），在他看来都是为事业而作出的牺牲。晚年迭遭丧子噩运，痛摧心肺。

同样让他心痛的，还有时局的败坏。市场物资匮乏，通货恶性膨胀，工人工薪以百万计付，原棉、棉纱单价飙

荣德生出资建办的私立江南大学

升至十亿元，德生斥之为“痴人说梦”！而政府还在对企业实施强盗式掠夺。这一年1月，国民政府国务会议通过决议，募集“救济特捐”。这是对特定地区特定对象（工商企业）征收的捐款，上海区募捐占全国总数的一半以上。荣家企业更是重中之重，上海福新、无锡茂新加上芜湖福五，仅7月18日一次就被摊派特捐167亿元，按当日市价计算相当于1500包面粉。同年10月，上海特捐募委会接连发函，声称荣家企业申请结汇478万美金，按照领受外汇额2%计算，应认缴特捐9.5万美金。除此之外，还有建国捐、国民党特别捐、保卫团捐等，对民营企业敲骨吸髓，名目之多，不胜枚举。

在忍无可忍的情况下，荣氏等工商实业家也发出了自己的声音，而这主要是通过商会等工商组织表达诉求。当局为扩大内战明令实施兵役法，一面全面动员、限期抽丁，一面又容忍代买壮丁顶替，变相敲诈勒索。无锡等地人心惶恐，社会一片混乱，工厂、商店的许多青壮年员工纷纷逃匿。县商会为此发出通电，呼吁缓行征兵，也喊出了

无锡县商会会所旧址

反对内战的口号。1948 年当局又在无锡试点开征行商税，加大对工商业的搜刮，导致客商裹足，市面衰落。商会再次发表通电，公开抨击官方的无理举措。面对官员的呵斥，商会理事长钱孙卿拍案而起，据理反驳，最终使当局的决策归于流产。无锡工商界人士的抗丁抗税斗争，反映了国统区人民反内战、反腐败、反独裁的共同心愿。

## 秘密苏北行

密切关注国内时局的荣德生父子，对国民党统治者已经失去信心；但对将要执政的共产党能不能保障开厂、做

◎小贴士

**中共华中工委：**1946 年 6 月，在国民党军全面进攻下，华中野战军撤出华中地区，中共华中分局和苏皖边区政府仍坚持在原地开展对敌斗争。为加强华中党、政、军的统一领导，中共中央华东局于 1947 年 9 月决定成立中共华中工作委员会。11 月 10 日，华中工委、华中军事指挥部、华中行政办事处在江苏射阳耦耕堂成立。工委统一领导华中敌后武装斗争，牵制国民党军力量，配合正面战场作战；开展土改运动，发展农民群众，巩固党群关系；开展多种培训，为新中国诞生培养大批党、政、财经干部。1949 年 4 月，江苏、安徽全境解放，华中工委撤销。

生意，又有种种顾虑。德生托人找来解放区的政策文件，认真琢磨。而正在部署渡江战役的中共华中工委，也希望在战争推进中稳住上海、无锡的工商实业家。无锡地下党组织间接联系到荣德生，希望通过他向无锡工商界人士转达不要迁厂、稳定生产的政策意向。德生约钱孙卿商议后，决定派出“特使”秘密前往苏北解放区，作一个沟通。“特使”共有三人，钱孙卿之子钱钟汉和《人报》正副主编孙德先、袁鹤皋，分别代表荣德生本人和地方参议会、商会。

1949 年初，钱钟汉一行在中共联络员陪同下，取道镇江渡江北上。在高邮，“特使”团会见了高邮专区专员、后来担任无锡市委书记的顾风，初步交换了意见。两天后突然通知让钱钟汉前往淮阴，孙袁两人暂留高邮。到淮阴后，钱

荣德生出资修筑的无锡第一条近郊公路——开原路

钟汉见到了军分区司令员管文蔚和政委陈丕显。管文蔚当过钱基博的学生，一一询问钱基博、钱基厚（孙卿）兄弟和荣德生的情况，一下子拉近了与钱钟汉的距离。在深入交谈的同时，管文蔚特地送了毛泽东的《新民主主义论》《论联合政府》等，让钱钟汉认真阅读。在安排参观解放区工商业（市容和一家卷烟厂）后，钱钟汉又会见了后来在上海、无锡担任领导职务的杨帆、包厚昌，一些具体事项的商谈，在杨、包和钱钟汉三人间展开。苏北一行，钱钟汉看到了解放区社会秩序安定，军民关系融洽，也感受到共产党、解放军干部的诚恳热情、朴实无华。解放区政治清明、上下团结与国统区官场形成鲜明对照。给他以感触的一件事是，之所以不欢

◎**小贴士**

**戚墅堰电厂**：近代江苏地区最大的火力发电厂。其前身为1909年创办的无锡耀明电灯公司和1921年建办的武进震华电气机械厂。1928年，国民政府建设委员会接管两企业，改名戚墅堰电厂，设总事务所于无锡。工厂扩大装机容量，扩建输配电网络，主要供应无锡、常州、丹阳地区工业用电和居民用电。1948年在无锡双河尖建分厂，称为戚厂第二发电所。1949年7月，戚厂改组为苏南电业局，此后归入江苏电业局。工厂多次进行大规模扩建和技术改造，装机容量达到122万千瓦，跨入百万级火力发电企业行列。

迎孙、袁两人前往淮阴，是因为他们抽大烟有瘾。

回到无锡，钱钟汉分别向父亲、荣德生和县参议会议长李惕平做了汇报。共产党方面对荣德生、钱孙卿所提保护工商业、过渡时期社会治安暂由地方人士维持、大军过江首先攻占戚墅堰电厂以保障供电等三点建议表示欢迎。同时也对无锡工商界提出几点期望，一是保护工厂不要外迁，二是共同维护社会经济秩序，三是依托无锡米市协助筹办军粮。听了钱钟汉转述的共产党对于民族工商业和城市经济的政策，德生高兴地说："这是再好也没有了。我们希望的就是生活安定，能够正常做生意。"

## 护厂迎解放

解放军百万大军在长江北岸摆下投鞭断流、跃马过江的架势，长江南岸国民党军也在加紧修筑布防工事。无锡工商界一时间传言纷纷，人心浮动，一部分实业家抽调资金，拆迁设备，前往香港、台湾设厂。听说申新三厂正在将2万纱锭的纺机拆卸装船，德生亲自赶到码头加以制止，对主持者严厉申斥，命令一律搬回厂中，重新安装。他通过书信、电话，向儿子、女婿表明态度："吾局宜安守，专心事业""今后方针，以维持原有局面为原则"。为了安定人心，他特地乘坐黄包车，到无锡闹市中心崇安寺转

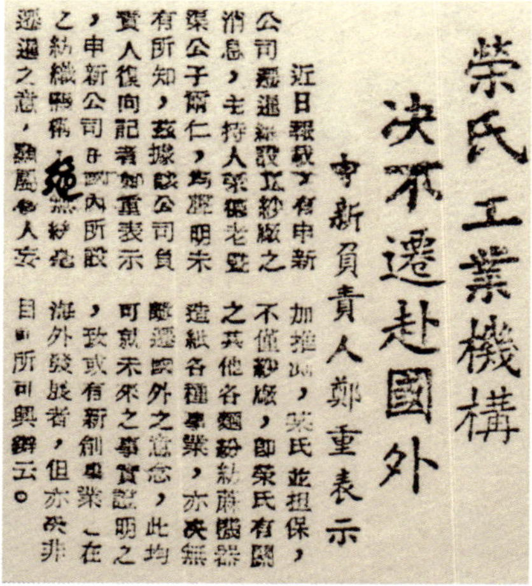
榮氏工業機構
決不遷赴國外
申新負責人鄭重表示

近日報載有申新公司擬遷臺設立紗廠之消息，主持人榮德生老榮公子爾仁，爲證明未有所知，茲據該公司負責人復向記者鄭重表示，申新公司目前國內所設之紡織廠[illegible]紗廠遷遷之意，[illegible]人安

加推測，榮氏並担保，不僅紗廠，即榮氏有關之其他各麵粉紡織機器造紙各種事業，亦決無搬遷國外之意念，此均可就未來之事實證明之，致或有新創事業，在海外發展者，但亦決非目前所可興辦云。

无锡《人报》关于荣德生决不搬迁工厂的报道

了一圈，到王兴记吃碗馄饨，与熟识之人一一招呼。一些忐忑不安的工商界人士见了，都把悬着的心放了下来：德公大老板也留下不走了。

钱孙卿、李惕平也约了部分地方人士到西溪喝茶，商议护厂、护市事宜。为了防止乱中生变，有人破坏工厂、破坏商店，也为了保证正常的生产、供应，维持社会民生，决定成立无锡县人民公私社团联合会，包括县参议会、商会、总工会、农会等 20 个社团，在特别时期“自觉、自救”，承担维护地方安宁的职责。同时在各工厂发起护厂运动，以片区为单位成立护厂护工队。西区一带即以荣家的申新三厂、茂新一厂、天元厂等为基础，成立工商自卫团第七大队，配备枪支弹药，负责城市西门至南门一带的治安管理。

1949 年 1 月下旬，公私社团联合会向国民政府立法院、监察院发出“和平”通电，要求国民党当局：1. 废除特种刑庭；2. 释放一切在押政治犯；3. 开放舆论；4. 撤销戡乱建国队；5. 反对继续征兵；6. 停止防御工程及其征工征料。钱孙卿、薛明剑、李惕平等40人在通电稿上签名，没有签名但站在身后支持他们的正是荣德生等工商实业家。通电犹如一枚炸弹在京畿地区炸响。江苏省政府主席丁治磐急忙赶至无锡，企图加以压制，并由京沪警备司令部发布严禁罢工、请愿的通令，由保安司令部封闭外围交通卡口……但一切已是徒劳。不久，国共和平谈判破裂，解放军渡江的隆隆炮声骤然响起……

# 十五　汇入洪流

1949 年春，荣家企业发展翻开了新的一页。虽然对未来会经历什么，荣氏父子并不明了，但他们相信新政权崇尚“解放”，一定会对旧时代的种种不合理加以改革。只要把安定民生、发展生产放在重要位置，把握好生利还是分利、创新还是守旧等关键问题，稳定币值，坚守信用，减轻赋税，整肃吏治，那就一定能稳定和发展经济。

## 建言人民政协

无锡和苏南、上海解放之初，通货膨胀的惯性还在继续，社会上虚假购买力横行，围绕着粮食购销供应一次一次掀起投机风浪。人民政府通过调度粮食、平抑粮价和收紧银根、打击不法奸商，运用经济和行政两种手段，保障供给，稳定市场。在这一过程中，建立起国营粮食公司，掌握了市场购销的领导权，粮食加工业原料和市场粮食供应逐步转向政府掌控。各面粉厂在接受国家委托加工中恢复生产，摆脱困境，至 1949 年 8 月，茂新一厂、二厂基本理顺产销，生产恢复正常，财务收支大致扯平。

9 月，德生被推举为全国政协第一届委员，第二年又当选为中华全国工商联筹委会委员，被任命为苏南人民行政公署副主任。不料背部生一疮疖，数天后感染，症状加重，未能出席开国大典前在北京举行的全国政协大会。但他伸纸舐笔，特地写下《关于发展农工商业之管见》一文，

◎小贴士

**全国政协一届一次会议：**中国人民政治协商会议第一届会议，1949 年 9 月 21 日至 30 日在北京举行。中国共产党及各民主党派、人民团体和无党派民主人士的代表（含候补代表）662 人参加会议。中国人民政协筹备会主任、中国共产党中央委员会主席毛泽东致开幕词。各党派、各界人士代表 12 人做演讲。这次会议代行全国人民代表大会职权，通过具有临时宪法性质的《人民政协共同纲领》，制定全国政协和中央人民政府两部组织法，决定中华人民共和国国都、国歌和国旗，选举毛泽东为中央人民政府主席，选出中央人民政府委员 56 人，选举由 180 人组成的全国政协第一届委员会。

提交给全国政协一届一次会议，为国家革故鼎新建言献策，尽一份心意。这篇文章，可以看作是这位致力于中国工业化的先驱一生实践经验的总结。在文章中，德生高度赞同毛泽东主席在《新民主主义论》中一再宣示的“劳资一体，公私两利”的理念，主张农、工、商三业相配合，国营、民营、合作经济相并举，以“奠定国家经济建设之根基”。文章与辛亥革命后全国第一次工商会议上他提出的三个议案，一前一后，相互照应，都闪耀着中国特色工业化路径的思想光辉。

坐落于无锡梅园的荣德生铜像

1952年7月29日，因患紫斑病，多方医治无效，德生先生在家中去世，享年78岁。8月11日，苏南公署为他举行公祭仪式，高度肯定他一生为发展民族工商业而奋斗的事迹，肯定他的事业精神、顽强拼搏精神、爱国主义精神。在遗嘱中，他谆谆嘱咐儿辈，要“树立新道德”“积极生产，为祖国出力”。这是对儿孙也是对工商界后继者一份真诚的嘱托。

## 读《资本论》的资本家

所谓的“军粉霉烂案”，原定1949年5月25日在上海地方法院正式开庭审理。但没等到这一天，人民解放军的“八一”军旗就插上了浦江沿岸大楼的楼顶。荣毅仁奉父亲之命，主管荣家留在上海、无锡的全部企业。如果说这一时期的德生不再处理企业的具体事务，可以更多地思考宏观的经济发展，那么，全面掌管企业的荣毅仁，则不得不直接面对历史转折中企业运行大大小小的各种矛盾。原料脱供、运销受阻，需要去协调车皮、舱位；资金周转发生困难，则要去银行求借贷款；接受国营公司加工订货，少不了与公方人员打交道；新中国工人阶级当家作主，工人们要求大幅增加工资，又怎么能回避呢？

1950年，旧历除夕前几日，上海总公司会议室，荣毅仁召集财务部商议年关将至催收应收款。突然接到妻子杨鉴清的电话，说家里来了申新厂几十个女工讨要工资，因为等不到人，就闯到客厅里，称拿不到工资就不走了。毅仁简要关照几句后，准备往回赶，转念一想又觉不妥，怕发生正面冲突，便去了好朋友“红色资本家”盛康年家。盛康年听完情况，立即拨通了上海市副市长潘汉年的电话。潘汉年一面向市长陈毅汇报，一面安排毅仁夫妇到上海大厦（百老汇）暂住。然后根据陈毅市长的意见，吩咐劳动部门和工会组织“做好老娘舅”，疏导、劝说女工们撤出荣宅。第二天，在市委刘晓书记主持下，相关部门开会协调，分别从成品收购、银行结算和贷款发放几个方面，帮助荣家企业度过年关。

这一风波也带来某种启示，陈毅、潘汉年从中反思劳资关系问题，对于私营企业更好落实“公私兼顾、劳资两利”政策。了解到茂新的劳资关系比较融洽，便从无锡抽调工人干部到上海总工会工作，以加强劳资利益关系的协调。这让荣毅仁非常感动，也更深切地体会到共产党政策和工作的务实。这一年的 7 月 1 日，他和上海工商界的中青年人士组织了一个学习组织，取名“七一学习会”，先后请了潘汉年、许涤新等，讲解国际国内形势和共产党的政策，讲解怎样看待资本主义和资产阶级……毅仁还搬出前几年托人买来的英文版《资本论》，认真读起来，真心想要弄懂劳动、资本、剩余价值的原理。

## 当了先锋

与粮食购销渠道改变相伴随，在无锡，粮食加工工业生产能力过剩的矛盾日益突出。面粉厂原料不足，靠投机牟利的虚假繁盛归于消失，一些小厂只能关闭，未关闭的也是勉强维持。解放前夕茂新厂因为套用资金，开出空头栈单，积欠客户面粉16万多包。解放初开工不足，又亏损达25万包之多。

面对重重困难，荣毅仁反复思忖，从以往的代磨中悟

歡呼工廠的新生

八月一日，是無錫申新紡織廠舉行公私合營慶祝大會的日子。在這一天，全廠充滿着一片歡樂

己的保證。布機間的水汀管損壞了，要影響到布廠生產，修機間的工人們接受了這個搶修任務，

無錫市申新、天元、茂新、興業、五廠
公私合營簽字儀式大會

公方代表無錫市人民政府紡織管理局申雲章局長（右）、私方代表榮毅仁先生（左），正在申新紡織廠公私合營的協議書上簽字蓋章。

市工會聯合會副主席任賁發、市工商聯合會主任范谷泉、申新紡織廠廠長顧為璜、第一副廠長鄭翔德、天元麻毛棉紡織廠第一副廠長楊同德、中共天元總支副書記闕寶珍、申新紡織廠工程師孫宗楣、茂新第二麵粉廠工會主

是資本主義工商業在國家過渡時期接受社會主義改造的具體道路。五家廠的公私合營，證明了黨的總路綫的正確，證明了中國共產黨政策的正確。」包厚昌同志又指示說：「公私合營決不是合股經營，而是從經濟上、政治上、

无锡《工人生活报》关于茂新厂等五家工厂公私合营的报道

出一点道道。他找到时任市工商局长的许涤新，提出要“另辟蹊径”，也就是国营粮食公司与私营面粉厂订立代加工合同，国营公司调配原麦，面粉厂加工生产面粉，然后交由国营公司销售。这就是有名的“加工订货”，成为那个时期公司和工厂两利双赢的事。这一做法很快又应用到棉纺织行业，效果更为显著。顾准、许涤新对这一做法作了理论概括，认为是国家资本主义的一种初级形式，有利于消除经济运行中的盲目性，能为将来私营工商业的社会主义改造，纳入计划经济轨道创造条件。陈毅说：格老子荣毅仁不简单，出了个奇兵啊。陈云也连口称赞：高明之至，切实之至！

这一年6月，毅仁作为工商界的特邀代表，列席全国政协一届二次会议。在北京，他还参加了全国税务会议。会上毅仁作了发言，根据多年经营企业的经验，就税收政策的执行、税率的调整、企业核算等畅所欲言地做了发言。对于有争议的一个焦点问题，即对私营企业的征税方法，是民主评议还是查账征收？也发表了自己的意见——应以账册为依据。虽然受到一些税务官员的粗暴责难：私营企业的账册可靠吗？但他依然直抒胸臆，摆事实、讲道理。他的意见和态度得到主持会议的薄一波的肯定。

几天后，突然传来消息，说毛泽东主席邀请几位工商界人士吃饭。荣毅仁第一次来到绿树浓荫的中南海，第一

茂新一厂改建成的民族工商业博物馆

次见到亿万人民崇敬的领袖，格外兴奋。毛主席笑容满面地跟他握手，用浓重的湖南口音说道：“荣家我知道，中国民族工商业的首户啊。”又说：“老先生可好？他给我写了信，说的意见很好啊。你代我向他问好！”这一场宴会，和谐而又温馨。与共和国的开国元勋们一起，毅仁如沐春风，对于国家的强盛、人民的幸福，由衷升腾起一种前所未有的信心。

几年后，第一届全国人民代表大会举行，荣毅仁当选为人民代表。也就在这一年，他带头响应共产党关于对私改造的政策，下决心走历史必然之路。茂新面粉厂和荣家其他企业一起，纳入无锡首批公私合营企业名单。彩旗飘扬、锣鼓喧天中，企业换上了新的厂牌。1955 年，工商界人士的怀仁堂会议散会时，陈毅叫住毅仁，对他说：我早就说过，你脑瓜子灵得很，是个帅才。这一次，你少帅当了先锋啰！

◎**小贴士**

**怀仁堂**：中南海内主要建筑之一。原为仪鸾殿旧址，建于清光绪年间，后成为慈禧起居之所，她日常在此召见大臣、处理政务。八国联军侵华时成为联军指挥部，不慎失火焚毁，重建后命名为佛照楼。中华民国成立后，袁世凯将楼改名为怀仁堂，在此接见外宾。中华人民共和国成立后，成为中央人民政府礼堂，经常举行各种会议和晚会。1953 年为筹备亚太和平会议进行翻修，改建为中式二层楼阁样式礼堂。1949 年第一届全国政协、1954 年第一届全国人大在此举行。这里还见证了和平解放西藏协议签字、解放军十大元帅授衔、中央政治局部分委员抗议“文革”、江青反革命集团首要分子被捕等。

# 主要参考资料

茂新面粉公司第一厂筹备处：《工作报告书》（1947年度），无锡市档案馆藏档 E5-28-1947-36

许维雍、黄汉民：《荣家企业发展史》，人民出版社 1985年版

上海市粮食局等：《中国近代面粉工业史》，中华书局 1987年版

无锡市粮食局：《无锡粮食志》，吉林科学技术出版社 1990年版

孔令仁：《中国近代企业的开拓者》，山东人民出版社 1991年版

王赓唐、汤可可：《无锡近代经济史》，学苑出版社 1993年版

杨旭：《荣氏兄弟——一代大实业家创业风云录》，海天出版社 1993年版

赵云声、刘明涛：《中国大资本家传》（2），时代文艺出版社 1994年版

荣敬本、荣勉韧等：《梁溪荣氏家族史》，中央编译出版社1995年版

寿充一、寿墨卿、寿乐英：《近代中国工商人物志》（第一册），中国文史出版社1996年版

王赓唐、汤可可等：《荣氏家族与经营文化》，世界图书出版公司1999年版

上海大学、江南大学《乐农史料》整理研究小组：《荣德生文集》，上海古籍出版社2002年版

严克勤、汤可可等：《无锡近代企业和企业家研究》，黑龙江人民出版社2003年版

上海大学、江南大学《乐农史料》整理研究小组：《荣德生与企业经营管理》，上海古籍出版社2004年版

汤可可等：《工商华章》，江苏人民出版社2006年版

无锡市粮食局：《无锡粮食志》，凤凰出版社2012年版

陆阳、沈云福：《激荡岁月——锡商：1895—1956》，团结出版社2015年版

高仲泰：《荣毅仁的前半生》，江苏凤凰文艺出版社2018年版

江南大学面粉专修科：《面粉通讯》第1—6期，1951年7月—1952年7月

无锡市政协文史资料研究委员会：《民族资本家荣氏发展简史稿》，《无锡文史资料》第1—3辑，1980年9月—1981年8月

# 后 记

2003 年，我奉调到无锡市档案局（馆）工作。年中，时任市粮食局局长，也是无锡荣氏家族后人的荣建国跑来找我，商议茂新面粉公司整体置换中的一些善后事宜，希望档案馆接收公司档案，博物馆接收茂新老厂那些具有文物价值的机器设备，让荣家创业第一厂的文献和实物资料有一个历史的归宿。听他所说，我连声称好，并且建议保留厂房，争取设立民族工商业博物馆和档案馆。于是，商议范围扩大到了市粮食局、市文化局、市档案局和市规划局，经过现场踏勘、多次商讨，最终形成一个置换方案，上报市委、市政府。

在无锡市委、市政府领导拍板下，利用茂新厂旧址设立中国（无锡）民族工商业博物馆，很快排上工作日程。虽然因为另外的原因，民族工商业档案馆未能纳入茂新公司的整体置换（后来经多方协调，落实于荣家另一家代表性企业——无锡开源机器厂旧址），我还是有幸参与了工商业博物馆展陈大纲的起草和展陈方案的讨论论证，从而加深对于荣氏企业及其在中国工业化进程中历史地位的认识。

令人欣喜的是，茂新厂不仅保存了荣德生、荣毅仁父子当年使用的办公桌椅、书橱公文柜、保险箱等，而且当年的全套磨粉机，以及麦斗、粉筛、配电间、码头传输设备等保留完整，至今仍能开机运转，复原面粉加工制作的整个流程。2006 年 4 月，中国工业遗产保护论坛在无锡举行，论坛通过了一个关于在经济高速发展时期注重工业遗产保护的文件，被称为《无锡建议》。同时建成开馆的民族工商业博物馆，也可以看作是中国工业遗产保护的一根标杆。

如今，走进茂新面粉厂旧址，看到的是相对于摩天商厦不再高大的厂房，和较之现代信息通信产业并不先进的机器装备。但我还是能够感觉到他们厚重的质感和灼热的温度。这是因为，我能看到这厂房里、机器旁曾经忙碌的身影，那些创业者、管理者、劳动者们洒落的汗水、摩挲的印痕，以及那些看似平常的故事背后，奋勇争先的胆魄，务实作为的干劲，恪守诚信的品格，灵活应变的智慧，洞察世界的眼光，报国裕民的情怀。那么，怎样才能把这一切凝聚成为一种精神内核、文化基因，让它与作为文化遗产的旧址建筑、机器设备等一起，长久留存下来、广泛传播开去呢？我想，讲述好、记录好围绕工业遗产所发生的历史故事，是一个档案工作者、历史研究者的职责所在。而这也正是“中国工业遗产故事”丛书编撰的本意所在。

衷心感谢南京出版社和“中国工业遗产故事”丛书编委会，做了这样一个工业遗产历史叙事的策划，使我有机会来讲述这一家让无锡人引以为豪的工厂的故事，让更多的人特别是年轻一代和近些年来到无锡落户的人们，知晓前辈创业者曾经的风雨历程。